ノモンハン 責任なき戦い

田中雄一

講談社現代新書
2538

ソ連邦
東シベリア地方
ソ連邦
ボルジア
黒河
ハイラル
興安
ハバロフスク
ボイル湖
ハルハ河
サンベーズ
ノモンハン
チチハル
タムスク
南興安
鉄驪
樺川(佳木斯)
外蒙古
王爺廟
哈爾浜
内蒙古
綏陽
牡丹江
長春
(新京特別市)
吉林
開魯
敦化
四平
延吉
白頭山
瀋陽
(奉天)
通化
承徳
(錦州)錦
国界
省公署
所在地
安東
新義州
北京
長城
日本海

目次

本文使用写真：朝日新聞社
毎日新聞社
アフロ
近現代フォトライブラリー

序章　陸の孤島

草原と羊、馬の群れ

101歳の元兵士の声は、怒りに震えていた。

「ノモンハンはまったく無駄な戦争だったと、ああいう戦争は必要ないと思っております。あそこで無駄に戦死させられたのは本当にかわいそうだ。かわいそうだったのと同時に、なんであんな無駄な戦争をしたんだと、腹が立ちます」

島根県出雲市に暮らす柳楽林市《なぎらりんいち》さんは、1917年生まれの101歳（2018年の放送当時）である。21歳でノモンハンの戦場に動員され、歩兵部隊の一兵卒として戦った。身長は148センチ、腰は「く」の字のように曲がっている。普段は笑顔を絶やすことのない好々爺で、ノモンハンの激戦を生き延びたとはにわかには思えない。

しかし、インタビューが始まると、柳楽さんの穏やかな表情は一変、その小さな体から絞り出すかのような低い声で、ノモンハンへの思いを語りはじめた。我々は、101歳の迫力に文字通り圧倒された。それはまるで、モンゴルの草原で亡くなった戦友たちの怨念が乗り移っているかのようだった。

柳楽さんへの取材の2ヵ月後、私たちは中国との国境エリアに広がる草原地帯、かつて日本軍が「ノモンハン」と呼んだその場所へと向かった。日蒙の専門家、通訳、撮影クルーなど3台の車に分乗した総勢12名の大所帯である。

車窓の向こうには、モンゴルの牧歌的な風景が広がっている。放牧される羊や馬の群れ、移動式の住居ゲルなど、どこまでも続く草原の中を走り、調査活動のベースとなるスンベル村に到着したのはようやく3日後のことであった。

スンベル村は人口およそ3000人。国境警備隊の家族や、遊牧や農業を営む人々が暮らしている。戦後この地に建設されたこの村は、電気は通っているが水道は十分に整備されておらず、村人たちはいまも地下水を汲み上げ生活用水とする。インターネットはもちろんつながらない、いわば〝陸の孤島〟だ。村のすぐ脇には、ノモンハン事件の舞台となったハルハ河が流れる。温暖化の影響か、ハルハ河は80年前よりも水量が減っているが、流域には豊かな草地が広がり、家畜の餌を求めていまも数家族の遊牧民が暮らす。

80年前の1939年、日本からおよそ2000キロ離れたこの地で、柳楽さんも戦ったのだ。

ノモンハンは、現在入域が制限される特別なエリアで、調査にはモンゴル国境警備隊の立ち会いが必要とされる。私たちは村のはずれにある国境警備隊の宿舎をあてがわれ、そこを拠点に調査を行うこととなった。現地部隊のトップ・エルデネチョローン大佐と、毎夜酒を酌み交わし、関係を構築しながら取材を進めた。

衛星写真などで確認すると、ノモンハンの戦場の広さはおよそ300平方キロ、大阪市がすっぽりと入るほどの広さである。見渡す限り地平線が広がり、〝草の大海原〟という表現がふさわしい。ランドクルーザーで草原の道を進むと、国境警備隊がパトロールした轍《わだち》がかすかに残るのみで、道はなく現在地の特定さえ難しい。モンゴルの若い国境警備隊員がわけ知り顔で案内をするが、本当にそれが我々の目指した場所かどうかは疑わしかった。

こうした困難な現地調査を強力にバックアップしてくれたのが、岡崎久弥さんをはじめとする調査団の専門家チームである。岡崎さんは大学などの研究機関には属さないが、独自のフィールドワークで現代史における軍事考古学の分野を切り拓いてきた。ノモンハンでの調査経験も10年以上になり、現地の事情にも精通している。岡崎さんの父・哲夫さんは太平洋戦争末期に満州東部の虎頭要塞でソ連軍との激戦を戦った元兵士であり、岡崎さんは父の没後、その足取りをたどる中でいつしかノモンハンへとたどり着いたのだという。

今回、調査の対象としたのは、ノモンハン北部のフイ高地、中央部のバルシャガル高地、南部のノロ高地など、いずれも激戦地として名高い古戦場だ。しかし、目標物もほとんどない茫漠《ぼうばく》たる大草原の中で、自分たちが本当にその場所に来ているのかさえ判然とし

現在のハルハ河の雄大な水流

戦場に放置された
ソ連軍の装甲車

草原にはいまも薬莢などの
遺物が散乱する

ない。

ノモンハンの兵士の回想録には「道に迷った」「目的地にたどり着けない」という記述が多数出てくる。私たちも今回、岡崎さんの誘導がなければ、広大な草原の中でいたずらに時間を浪費していたであろう。

絶望の塹壕戦

ようやく戦場址にたどり着くと、そこには凄惨な戦いの傷跡が刻み込まれていた。兵士たちが身をひそめた塹壕《ざんごう》の跡から次々と遺物が見つかり、80年前の激しい戦闘の様子がまざまざと浮かび上がる。ソ連軍兵士のヘルメットや、名前が入った認識票のほか、散乱した遺骨が風雨にさらされていた。

「これはソ連のもの」

「こっちは日本」

発見した遺物を、軍事史の専門家で、兵器に詳しい鈴木邦宏さんが次々と鑑定していく。

ソ連軍の快速戦車BT－7の分厚い装甲板は、大きく破損していた。日本側の砲撃のためだろう。装甲車はそのままの形で放置され錆びついていた。戦車、装甲車、航空機など、ソ連側は大量の近代兵器を投じていたことが、戦地に残された遺物から伝わってくる。

一方、日本側の遺物は少なく、わずかに残されていたのは明治時代に開発された三八式歩兵銃の薬莢《やっきょう》や、ソ連軍の戦車に対抗するために使われたとみられる火炎瓶など、いわば軽装備の武器だった。日本側の兵士は十分な装備も与えられず、日ソ両軍には装備において大きな差があったと感じさせられた。

柳楽さんの言葉が頭をよぎる。

「私たちが持っていたのは、三八式歩兵銃といって、明治38年に作った、5発弾をこめて撃ったら、また装塡しなおさなきゃならないという古い銃です。撃ってみましたが、日本の弾丸は敵にあたっても、敵はびくともしない。戦車の操縦席の前にある窓に向かって撃つのですが、そのガラスでさえ、小銃弾をはじいたのです」

私たちが訪れた6月はちょうどノモンハンで戦闘が行われていた時期で、晴れた日は気温30度を優に超える。ただでさえ乾燥した大陸特有の空気の中で、わずかな時間、車を離れ歩き回っただけでも、唇はぱさぱさになり、喉の渇きも激しい。従軍した兵士の手記には「喉がからからで乾パンが喉を通らない」としばしば書かれているが、実際に水がなければ、食事を流し込むのにも苦労するほどだった。

暑さだけでなく、寒さにも苦しめられた。取材を始めて数日すると、気候は一転して雨天に。気温は10度近くまで下がった。さえぎるもののない草原で吹きっさらし。体感温度もぐんぐん下がっていく。カメラマンは指先が凍え、冬用のダウンを着込んで撮影にあたったほどだ。

現地訪問の前には読み飛ばしていた、ある衛生兵の手記が現実感を伴って思い出された。

夕方より雨と成る。降る〳〵。（中略）塹壕の中にも水が溜まって寝られぬ様になる。（中略）

二〇（日）、天幕の上に溜って居りたる水が落ちて、ビショ濡れに成る。寝釜も水だらけ。濡れて寒くなって、ふるへ上る程である。（中略）

患者のうめき声も聞へて来る。惨たる新戦場の有様かな。手足が切れ、眼を失し、貫通、盲貫と、実にあはれな有様の人ばかり。

（長尾一美「ノモンハン陣中日誌」）

兵士たちは目まぐるしく変わる天候の中、徒歩で150キロ以上を行軍し、草原での野営に耐えながら戦いに臨んでいた。

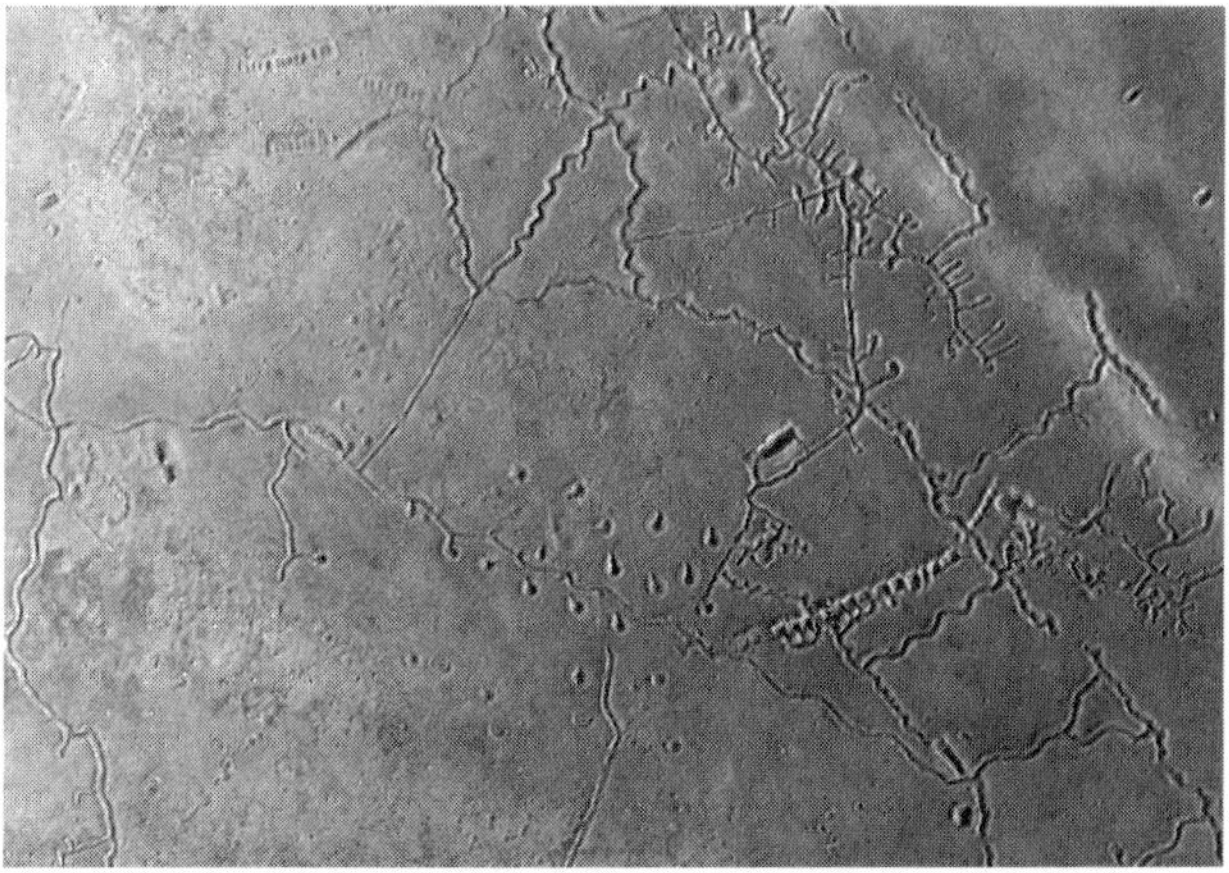

ドローンによって空撮した塹壕の跡

今回の調査の最大の成果は、戦場の全貌を、ドローンを使い上空から撮影することができたことだ。モンゴルでは国境エリアでドローンを飛ばすことは原則認められていないが、私たちはエルデネチョローン大佐の計らいで特別に撮影許可を得た。

撮影が始まると、スタッフから「おお！」と歓声があがる。日本人もモンゴル人も皆、モニターに映し出された映像を食い入るように見つめている。ドローンは、私たちの想像をはるかに超える長大な塹壕線をくっきりととらえていた。

モンゴルの大草原の上を時に蛇行し、時に入り乱れながら進むその姿はまるで芸術作品のように美しい。さらに高度を上げていくと、アリの巣のように幾重にも張りめぐらされた塹壕の全体像が浮かび上がってきた。
ひとつの現場だけでも塹壕線の距離は数キロに及ぶ。まるでナスカの地上絵のような壮大な姿、規模の大きさに息をのんだ。岡崎さんの調査によると、ノモンハン全体に張りめぐらされた塹壕の総延長は少なくとも１００キロはあるという。いまとなっては、それが日本側の掘った塹壕か、ソ連側のものか、判別することも難しい。ただ、この辺境の大草原で、日ソ両軍が膨大な物資を投入し、兵士たちはこの塹壕に身をひそめ、過酷な戦いを強いられていたのだ。

歩兵第七十一連隊　曾根辻清一の回想

「塹壕の前じゃ、(俺を)殺せー、殺せーっていうような。自分で死のうと思って銃剣を胸に突き当てとっても突き刺すことができんのですよ。そういう者がたくさんおったですわ。殺してくれー殺してくれー言うてね」

軍医　野口千束の回想

「血を止めて後は痛み止め、モルヒネの注射をやって、強心剤ぐらいですかね。それで車でもって野戦病院に運び込むんですがね。野戦病院っていうのは地下にあるんですよ。そこへ運び込むんです。その中はもう瀕死の重傷者がいっぱいですもん。ひどいもんですよ」

柳楽林市さんも、塹壕で死を覚悟しながら戦いつづけていた。
「敵の大砲の弾が直接当たって、そしたらいままでそこにおった影が、人が、水をもってじょうろで水を撒くように、サーと消えてしまう。非常に残忍な最期ですが、そういうのも見ました。いよいよ最期だと思う人が、『天皇陛下万歳』って（自決する）、そこらあたり何回か聞いております。今度は俺の番だっていう気持ちです。悲愴感といいましょうか」

司馬遼太郎と村上春樹

ノモンハン事件は、わずか4ヵ月の戦いで日本側およそ2万、ソ連側2万5000の膨大な死傷者を出した。「事件」と名付けられてはいるが、実質的に「戦争」そのものだった。

歩兵中心の軽装備で戦いに臨んだ日本に対し、ソ連は最新鋭の戦車や装甲車など近代兵器を大量に投入し、日本を圧倒していった。単純に死傷者数だけを比較すると、日本が優位にあったように見えるが、日本軍は自らが主張する国境線を守れないままに後退、作戦目的を達成することはできなかった。

この手痛い〝敗北〟は陸軍内部でも「国軍未曾有の不祥事」（参謀次長・沢田茂中将）と認

識されていた。しかし、日本はこの事実をひた隠しにする。陸軍中央は新聞各社に報道の自粛を要請、戦況が有利な時でさえも報道は制限され、関東軍の憲兵隊は一兵卒の手紙に至るまで検閲し、戦争の実態が本土に伝わらないよう細心の注意を払った。「敗北」の事実が国民に広く知らされることはなかった。

そもそも陸軍中央としては、2年前に始まった日中戦争が泥沼化する中で、〝余計な〟戦争は避けたいというのが本音だった。しかし、関東軍という一組織の暴走と、それを制御できない陸軍中央という構図のなかで、明確な意思決定のないまま、戦線はずるずると拡大していった。

それは陸軍という閉じられた組織の中で決行され処理された、いわば〝密室の戦争〟でもあった。

2年後に始まる太平洋戦争に比べ、あまり知られることのない北辺の戦争に、日本を代表する二人の作家が強く惹きつけられていた。司馬遼太郎と村上春樹である。

『坂の上の雲』を完成させた司馬遼太郎は、その後10年をかけて、ノモンハン事件を調べつづけた。太平洋戦争の末期に自身も戦車部隊の一員として満州に勤務した司馬は、日本が破滅へと突き進んだ「昭和」という時代を読み解くカギがノモンハン事件にあると考えていたが、その仕事は難航した。当時の軍関係者に話を聞くなど取材を続けたが、〝日本人であることが嫌になった〟と語り残し、断筆している。

ノモンハン事件は古くていつも新しいですね。すでに日本人の骨髄の中の病巣になって眠っているように思います。気づかぬ人にはなんでもないが、気づく人にだけ痛みを発信します。私は五十代の十年間、この事件を調べることに熱中しましたが、いまは嫌気がさして資料を大きな袋に入れてホコリをかぶらせてあります。

（司馬遼太郎『戦争と国土』A・クックスとの対談）

一方の村上春樹の小説には、『ねじまき鳥クロニクル』など、たびたびノモンハン事件を想起させる登場人物が現れる。小学生の時に手にした本でノモンハンの白黒写真を目にした村上は、「どういうわけか」その情景が頭の中に焼き付いていたという。

僕らは日本という平和な「民主国家」の中で、人間としての基本的な権利を保証されて生きているのだと信じている。でもそうなのだろうか？　表面を一皮むけば、そこにはやはり以前と同じような密閉された国家組織なり理念なりが脈々と息づいているのではあるまいか。僕がノモンハン戦争に関する多くの書物を読みながらずっと感じ続けていたのは、そのような恐怖であったかもしれない。この五十五年前の小さな戦争から、我々はそれほど遠ざかってはいないんじゃないか。

（村上春樹『辺境・近境』）

司馬や村上ら、作家の鋭敏な感性が探り当てたノモンハン事件の〝本質〟は、戦後処理において、とくに浮き彫りになる。

ノモンハンの敗北に大きな衝撃を受けた陸軍中央は、徹底した粛清人事に乗り出す。戦闘を主導した関東軍の若手参謀を左遷しただけでなく、陸軍中央の参謀本部や関東軍の幹部を総入れ替えするなど人事を刷新した。

しかしながら、最も苛烈な形でその責任を問われたのは、現場で命をかけて戦った将兵たちだった。弾薬も食料も尽きる中で撤退を決断したある部隊長は、敵前逃亡したと追及され、自決へ追い込まれた。激戦の末、やむなくソ連軍の捕虜となった兵士は解放された後、犯罪人のように扱われ処罰された。一時的に左遷されたのち大本営中枢に返り咲いたエリート参謀と比較すると、あまりに過酷な運命だった。

本書のベースになったＮＨＫスペシャル「ノモンハン　責任なき戦い」（２０１８年８月15

日放送）の取材では、次の三つの方針を徹底した。

ひとつは、できる限り一次資料に当たることである。すでに本や論文で引用されているものであっても原典に当たることを徹底した。防衛省防衛研究所や遺族のもとに足繁く通い、そこに保管されている資料に目を通していった。またアメリカではノモンハンに関わった旧軍人の音声記録を新たに発掘、１５０時間に及ぶ当事者の「肉声」を通じて、戦争の真相に迫ろうと試みた。

もうひとつは、最新の映像技術を活用することである。ロシアとモンゴルのアーカイブで入手した白黒のフィルム映像を、ＮＨＫが独自に開発したＡＩによってカラー化、戦場の実相を現代に蘇らせた。また、ノモンハン現地での取材では、ドローンをフルに活用し塹壕の全貌を捉えることにも成功した。

最も重視したのは、戦後、「絶対悪」などと批判された参謀ら軍幹部に関する取材を徹底して行うということである。資料の発掘、遺族へのアプローチなどにできる限り力を注いだ。及び腰になりがちなこの取材を、心を鬼にして行った。

特にノモンハン事件の〝首謀者〟とも言われる陸軍参謀・辻政信の遺族がテレビカメラでの取材にはじめて応じ、辻が書き残した「遺書」を公開してくれたことは、番組にとって大きな意味があったと考えている。本書でも、遺書の最後に書かれた「お前達の進む路」と題する一文の概容を収録することを承諾していただいた。

2年後に始まる〝太平洋戦争への序曲〟とも言われるノモンハン事件。

本書では収集した一次資料を基に、4ヵ月に及んだ戦いの全貌を描き出すことに努めるとともに、戦後処理も含めたノモンハン事件の〝その後〟の叙述にも力を注いでいる。

日本はなぜ立ち止まり、その教訓を見つめることができなかったのか。

破滅への道を、止めることができなかったのか。

編集部注：引用文中に現代では差別・偏見ととられる表現がありますが、歴史資料であることを考慮し原文のままとしました。

第一章　関東軍VS.スターリン

泣く子も黙る関東軍

　１９３9年5月に勃発したノモンハン事件は、大きく三つの時期に区分できる。

　まずは、5月から6月にかけて戦われた、「第一次ノモンハン事件」である。草原を流れるハルハ河を国境とする日本側と、それより東20キロのラインを国境とするソ連・モンゴル側の国境警備部隊の小競り合いが勃発していた。そこに日本側が２０００人規模の正規軍を投入すると、ソ連・モンゴル軍もこれに応戦し、本格的な武力衝突となった。戦闘はエスカレートし、死傷者数は双方あわせて４００人を超える前哨戦となった。

　続く「第二次ノモンハン事件」は、翌7月からの日本の攻勢によって幕を開けた。日本は歩兵を中心に１万５０００人規模の軍を投入し大規模な軍事作戦を展開。「牛刀をもって鶏を割く」と絶対の自信をもって臨んだが、ソ連側の抵抗は予想外に激しかった。結局国境線からソ連・モンゴル軍を駆逐することはできず、作戦は失敗に終わった。

　そして、8月後半に決行されたソ連軍の大攻勢によって、戦争は終結を迎える。ソ連軍は日本の倍以上にあたる5万の兵員を投入し、大規模な軍事作戦を展開した（第三次ノモンハン事件）。最新型の快速戦車や装甲車を大量投入し、物量と火力で日本の歩兵部隊を圧倒。日本軍は主力の第二十三師団の8割が死傷するなど壊滅的な打撃を受け、主戦場となった国境エリアから締め出された。

「こんな土地に5ドルだって出すもんか」

ノモンハンを取材で訪れていた外国人特派員は、そう言い放ったという。

遊牧以外にはほとんど富を生み出すことのない〝不毛の地〟で、日本はなぜ大規模な戦争を始めたのだろうか。そこには関東軍という陸軍きっての巨大組織の意向が強く働いていた。

その背景を知るために、ノモンハン事件から8年ほど時間をさかのぼってみたい。


関東軍は、南満州鉄道（満鉄）など日本の権益を守るという名目で現在の中国東北部、旧満州に駐留していたが、1931年になると、作戦主任参謀の石原莞爾《いしわらかんじ》中佐、高級参謀の板垣征四郎大佐が主導し、満州事変を引き起こす。

9月18日に柳条湖付近で線路を爆破、これを中国軍の仕業とし軍事行動に踏みきった。関東軍は各地で装備に劣る中国軍を撃破し支配エリアを満州全土に拡大、翌年には傀儡《かいらい》国家「満州国」の建国を強行した。国際社会からの厳しい反発を受けた関東軍のこの行動を、日本国内の世論は熱狂的に支持する。関東軍は満州の治安維持を担うだけでなく、政治や経済においても陰に陽に指導的な役割を果たし、事実上の満州の統治者として君臨するようになっていった。

満州事変によって、陸軍内部における関東軍の地位も飛躍的に高まった。〝泣く子も黙る関東軍〟〝精強無比〟などと称され、1941年の最大時には70万規模の軍容を誇るまでになった。満州事変当時、関東軍は国外に駐留するほぼ唯一の軍組織であり（朝鮮、台湾は「国内」の扱い）、なおかつ天皇に直隷していたため、陸軍全体の作戦を統括する東京の参謀本部でさえも容易には口出しができない気風を有していた。戦史研究家の中山隆志の研究によると、関東軍は「別格唯一の軍」であるという意識が強く、参謀本部の部長クラスであってもその行動に口をはさむことは難しかったという。

満蒙問題の解決は資源なき日本の「唯一の活路」だと考え、事変を主導した石原ら関東軍の幹部たち。計画は首尾よく進んでいるかに見えたが、〝思わぬ誤算〟にも直面していた。満州国の建国によって、北のソ連、およびその同盟国モンゴルと実に5000キロにわたって国境を接するようになったのだ。外交担当者が繰り返し国境線画定交渉を行ってきたが、結局合意には至らず、ほとんどのエリアで国境はあいまいなまま残されていた。天皇から満州の防衛を付託されていた関東軍は、国境紛争という火種を満州全土で抱えることになっていた。

「鋼鉄」の名を持つ男

モスクワの中心部、赤の広場から歩いて10分ほどのところに、マルクスやレーニンの彫像が刻まれた灰色の建物がある。ロシア国立社会政治史アーカイブ、通称ルガスピと呼ばれるこの文書館には、ソ連共産党に関する膨大な記録が保管されている。ソ連史研究の基礎となる重要なアーカイブで、日本はもちろん、ヨーロッパやアジアなど全世界から数多くの研究者が訪れている。このアーカイブにノモンハン事件当時の指導者であり、ソ連の独裁者ヨシフ・スターリンの記録も残されていた。通称「スターリンフォンド」と呼ばれる文書群には、スターリン宛の報告や会議の議事録だけでなく、手紙など個人的な資料までが保管されている。

薄暗い書庫の中でスターリンの個人蔵書の閲覧が特別に許された。『日本における軍ファシズム運動史』『日本の海軍力』『日本の脅威』。いずれも満州国建国以降に、スターリンが日本に関する知識を得ようと目を通した書籍だ。本を開くと、スターリンがところどころ鉛筆で下線を入れている。読みながら感情が高ぶったのか、「この馬鹿野郎ども！」などの書き込みも随所に見受けられた。

たとえばこんな一節にスターリンは下線を引いている。

（日本の）軍部の影響力のあるグループは、近い将来の敵はソ連だと考えている。その意味において満州国は何よりもソ連との戦争における足場となる。彼らにとって満州国は鎖の一環にすぎない。（中略）最終的には（ソ連の）沿海地方、アムール地方、ザバイカル地方へとその環を広げてくる。はじめは東清鉄道、そのあとは外モンゴル、そして最後はシベリアへと彼らは紛争を広げようとしている。

スターリンらソ連の指導部は、日本が満州国を足掛かりに、ソ連侵攻の機会を窺っていると明確に意識していた。

ロシア革命後の混乱期を乗り切ったスターリンは、1930年代、国際政治のキープレーヤーとして存在感を増していく。

「スターリ」＝ロシア語で「鋼鉄」を意味する名前を持つこの政治家は、レーニン亡きあと、政敵トロツキーらとの熾烈な権力闘争を勝ち抜きソ連の実権を掌握した。国内で100万人が犠牲になったとされる「大粛清」など、ヒトラーと並んで負の側面が強調されるが、革命後の社会に秩序をもたらし、ソ連を巨大な軍事国家に仕立て上げた〝功績〟もある。

スターリンは、ロシア帝国の支配下にあったカフカースの国グルジア（現・ジョージア）のゴリという小さな町で生まれ育った。

神学校を退学処分となり、共産主義革命の道を志す。溢れんばかりの才能の持ち主だった天才的革命家・トロツキーらと比べると、スターリンは海外経験も乏しく、言葉数も少なかったため、共産党内部ではあまり目立たない地味な存在だったという。その一方実務能力は高く、ひとつのことを徹底してやりとげる強い意志を持っていた。

スターリンは1922年、共産党書記長に就任したことを足がかりに権力の階段を上りはじめる。書記長はいまでこそ社会主義国における最重要ポストだが、当時はほとんど注目されない〝事務的なポスト〟であった。

スターリンは書記長として、その能力をいかんなく発揮する。

当時70万人以上にまでふくれあがった共産党員を組織化し、「革命を為すために作られた党を、権力を担う組織へ」（横手慎二『スターリン』）と変質させていった。スターリン書記長は政治局、組織局といった党の中枢機関のメンバーにもなり、影響力を強めた。特に人事面で強い影響力を持ち、ポストを求めて〝スターリン詣で〟をする党員の姿も見られるようになったという。人事権を握ったスターリンはトロツキーやジノヴィエフといったライバルを次々と蹴落とし、権力の地盤を確実なものにしていった。

スターリンは、徹底したリアリストであった。

レーニンやトロツキーがヨーロッパを巻き込んだ壮大な「世界革命」を構想したのに対し、スターリンはソ連一国での革命＝「一国社会主義論」を構想し、ヨーロッパで革命が起こる可能性に期待していなかった。資本主義の列強から、生まれたばかりの社会主義国家を守るために、スターリンは徹底した近代化に乗り出す。

それこそがロシア語で言うピチレートカ＝「5ヵ年計画」であった。

スターリンらソ連指導部の立案した5ヵ年計画は、1928年から二度にわたって実行に移された。その肝は急速な重工業化で、炭田や油田を開発、巨大な重工業地の建設を急ピッチで進めた。近代化のための資金は外貨に頼らざるを得ず、小麦などの農産物を輸出してそれを賄った。農村から強制的に農作物を徴発したため、ウクライナなどの穀倉地帯では大飢饉が起こり、数百万人ともいわれる餓死者を出した。農民たちの一部には抵抗する動きもあったが、憲兵の厳しい摘発にあい、10年の投獄や銃殺刑などを科された。

都市部では食料だけでなく、スプーンやフォークなどの日用品も欠如し、住民が長い行列を作る事態となった。

重工業化路線は国民に巨大な犠牲を強いることになったが、スターリンは意志を曲げなかった。不満分子を次々と弾圧・粛清し、強引に計画を進めた。スターリンが欲したのは何よりも〝力〟であった。ソ連を強大な軍事国家にすること以外に国家が生き残る道はないと考えていたのだ。

スターリンは工場の経営者や技術者に向けた演説でこう語っている。

「時折質問してくる者がいる。少しだけでも（工業化の）テンポを緩め、動きを止めることはできないでしょうか、と。いいや、同志たちよ、それはできない。テンポを緩めることはできない。むしろ逆に、可能な限り、早めなければならない。（中略）テンポを遅くすることは、それは取り残されることだ。取り残された者は打ち負かされる。（中略）弱い者を殴り痛めつけても罰せられることはない。取り残された者、弱い者を殴りつける、それこそが搾取者の法だ。資本主義の狼の法なのだ。お前は遅れている。お前は弱い。それはつまり、お前は正しくなく、殴ってもいい、奴隷にしてもいいということなのだ」（1931年2月4日「経営者の課題について」）

5ヵ年計画は、ソ連の国力を飛躍的に増幅させた。トラクター、貨物自動車、石油生産でヨーロッパ第1位、電力、鉄鋼、アルミなどの生産で同2位と、ソ連は工業国として大躍進を遂げる。

1929年の世界恐慌によって、アメリカをはじめとする資本主義諸国は大きな打撃を受けたが、その一方で、社会主義国のソ連は着実に力をつけていった。

自信を深めたソ連は、極東の軍事力増強にも力を入れはじめる。'30年代の初頭は国力がまだ乏しく、スターリンも日本との衝突を避けようとしていたが、2回目の5ヵ年計画が始まる1933年頃から、ソ連は兵員だけでなく、戦車や装甲車などを大幅に増強していった。満州国建国当初は拮抗していた関東軍とソ連極東軍の軍事バランスは、これにより大きく崩れる。

ノモンハン事件前年の1938年の時点で、兵員は極東ソ連軍24個師団に対し関東軍9個師団、航空機はソ連2000機に対し関東軍340機、戦車はソ連1900両に対し関東軍170両とその差は開く一方だった。

国境をめぐる紛争が頻発するようになり、その規模も拡大した。ノモンハン事件が始まる'39年には満州全土で200件近い国境紛争が勃発していた。

膨張するソ連軍の対応にあたったのは、関東軍作戦主任の服部卓四郎中佐（当時38歳）や、作戦参謀の辻政信少佐（当時36歳）ら若き作戦参謀たちだった。ノモンハン事件直前の関東軍には、東京の参謀本部での勤務経験もあるエリート将校が集まっていた。陸軍大学校をトップクラスで卒業し、将来を嘱望されていた秀才たちだ。彼らはソ連軍との軍事力の差を認識したうえで、劣勢にあるからこそ弱みを見せず、むしろソ連に対し厳しい姿勢で臨むべきだと考えていた。当時、関東軍で最年少の参謀であった辻政信は著書でこう記している。

弱味につけ込む相手を前に控えて、消極退嬰に陥ることは、かえって事件を誘発するものである。

（筆者注・ソ連との軍事力が）三対一の実力とはいえ、「寄らば斬るぞ」の侵すべからざる威厳を備えることが、結果において北辺の静謐《せいひつ》を保持し得るものである（以下略）。

（辻政信『ノモンハン秘史』）

寄らば斬る――次章で詳述するが、彼ら強気一辺倒の若手参謀を統御できる人材は、当時の関東軍には皆無だった。

目算違い

一方、陸軍全体を統括する東京の参謀本部（大本営陸軍部）は、ソ連との紛争を避けたい事情があった。それは日中戦争でかさむ膨大な経費である。

1937年7月、日中戦争が始まると、陸軍はわずか1年で武漢などを占領、中国の中央部にまで一気に進出したものの、戦線はずるずると拡大し泥沼化。この頃には85万もの日本軍が現地に足止めされる状態となっていた。装備に劣る中国軍に対し、日本は連戦連勝、国内の世論は〝破竹の勢い〟と沸き上がったが、戦費が重くのしかかり、戦争をどう終わらせるのかという課題が陸軍中央に重くのしかかっていた。参謀本部は様々なルートを使い、中国国民党・蔣介石政権との間で政治的な落としどころを探っていたが、1938年1月に近衛内閣が「爾後国民政府を対手とせず」と声明するなど解決の道は容易には見いだせなかった。

日中戦争の解決が最優先の課題となる中で、当然のことながら、東京の参謀本部は北方の大国ソ連との余計な衝突は望んでいなかった。国境をめぐりソ連との小競り合いや小規模な衝突が続いていることは認識しながらも、「戦線不拡大」の方針は明確にしていた。

強気一辺倒の関東軍、戦線不拡大を方針とする陸軍中央の参謀本部。一見相対立するようだが、しかし、この時点においては、両者の間に深刻な意見の対立はなかった。その背景には〝本格的なソ連の攻勢はありえない〟という共通認識があった。今回、日米に残されていた陸軍関係者が証言した音声記録を入手したが、その中で、当時参謀本部で作戦課長の要職を務めていた稲田正純大佐はこう語り残している。

参謀本部作戦課長　稲田正純大佐の回想

「私は、ソ連は5ヵ年計画で忙しくて、スターリンはそんなことはせんと確信しておったんです。西にドイツという強敵がいるもんですから、それに対する準備をスターリンは当然立てるはずなんだ。東なんて手出すのは無駄だわ。そんな馬鹿なことをするスターリンではないと私は確信しておった」

〝ソ連は動かない〟という稲田の言葉の背景には、激動するヨーロッパ情勢がある。

稲田正純

当時、ソ連の西側のヨーロッパでは、ヒトラー率いるナチスドイツが急速にその勢力を拡大していた。ナチスは1938年にオーストリアを併合、翌1939年にはチェコスロバキアを解体、さらにはソ連と国境を接するポーランドにも領土割譲を要求するなど、東へとその版図を拡大していた。ヒトラーはスラブ民族の殲滅《せんめつ》を公言するなど、ソ連に対する敵意を隠さなかった。その膨張に歯止めをかけようと開催された独英仏伊によるミュンヘン会議での合意も有名無実化し、スターリンはナチスドイツの脅威に直面していたのである。ロシアの心臓部は言うまでもなく西側の首都モスクワにある。強大な軍事力を持つドイツが徐々に迫る中で、東の日本と正面からことを構える余裕はソ連にはないというのが当時の日本陸軍の認識だった。

ソ連が満州で攻勢に出る脅威は低いと考えた参謀本部の稲田は、戦線不拡大を打ち出しながらも、関東軍の裁量を認めるという曖昧な態度に終始していた。

「国境で紛争はしょっちゅう起こるんです。それを全然やるなって言ったって無理なんです。私が行って（関東軍に）話したのはお前らの仕事を邪魔しようとは思いはせんと。ただ行動を考えろと。いま日本は何をやるのか。一日も早く支那との戦争をやめて雨降って地固まるようにせないかんのだと。満州で用もないのに、手を出す心配のないロシアなどにちょっかい仕掛けてはいけないと。ロシアは絶対に動かないというのが私の信念だったですからね」（同前）

しかし、稲田らの願望を裏切る形で、現実は進行していた。反目し合ってきたソ連とドイツは、ノモンハン事件勃発の前後、水面下で急接近を始めていたのだ。後述するが、陸軍中央はそのことに気づかぬまま関東軍の攻勢を容認、ノモンハンの引き金を自ら引くことになった。

スターリン

スターリンとゲンデン

近年の研究によって、スターリンが積極的な外交政策をとり、極東アジアでソ連に有利な環境を作り出してきたことも分かってきている。スターリンは、満州の南に位置する中国国民党政権、そして西のモンゴルを積極的に取り込み、いわば〝満州包囲網〟とも形容すべき国際情勢を生み出していた。まず、モンゴルの状況から見ていこう。

１９３６年、ソ連は友好国で同じ社会主義体制のモンゴルとの間で「ソ蒙相互援助条約」の締結に成功する。この条約によって、両国は相互防衛義務を負い、ソ連がモンゴル国内に軍隊を駐留する法的な根拠を得るなど、モンゴルは事実上、対満州、対関東軍の前線基地と化し、ソ連の衛星国に仕立てられていった。

しかし、ロシアのアーカイブに残された記録をたどると、意外な事実も浮かび上がってきた。交渉にあたったモンゴル首相ゲンデンはソ連を完全には信用せず、最後の最後までソ連軍の駐留に抵抗を続けていた。しかし、スターリンは圧倒的な軍事力を背景に、モンゴルに相互防衛条約を結ぶよう迫った。1934年11月24日、モスクワを訪問したゲンデンとスターリンとの会談の記録である。

スターリン「日本はどんどんモンゴルの国境に近づいている。内モンゴルの占領でとどまるどころか、外モンゴルまで占領しようとするだろう。国の防衛をどう考える？　最悪の事態についてどう考えるのだ？」

ゲンデン「方法は二つです。抵抗しないで降伏し日本の植民地になるか、それとも全力で戦い祖国を守るのか」

スターリン「軍隊はどれくらいいるのだ？」

ゲンデン「1万か、1万1000です」

スターリン「少なすぎる。1個師団にも及ばない。飛行機は何機もっている？」

ゲンデン「たぶん10機ほどです（中略）」

スターリン「少ない。（中略）日本人は騎兵1個師団を送り、自動車化部隊と航空機の支援の下で、ウランバートルを占領するだろう」

スターリンはヘビがカエルを追い詰めるかのようにゲンデンに迫っていった。

スターリン「もっと簡単に話をしようではないか。ソ連には二つの立場がある。ひとつは中立を維持すること。この場合、日本とモンゴルが戦っていようと我々には関係がない。もうひとつは、『モンゴルはソ連の友人である、手を出すな』という立場だ。(中略)モンゴルが中立を保とうと、日本側に立とうと、それは君たちの自由意志だ。日本側につきたいのなら好きにすればいい。(中略)モンゴルの一部にはこういう意見があるだろう。中立を維持していれば、日本は攻撃してこないだろうと。(中略)しかし、これは間違った考えだ。(中略)どちらにつきたいのか、それはあなた方の自由だ。日本か、それとも私たちか」

ゲンデン「私たちはソ連とともにあります。助けが必要です」

スターリン「国際社会には、いわゆる相互協定というものがある。その条約を締結した国は攻撃を受けた際に互いに助け合える。(中略)もし支援が必要なら具体的に合意に達する必要がある。でないと手遅れになるだろう」

ゲンデンはその場ではうなずきながら、スターリンの求めには結局応じなかったとされる。ソ連から莫大な経済支援を引き出しながら、ソ連軍のモンゴル駐留には最後まで抵抗した。

　モンゴル研究の第一人者・田中克彦によると、ゲンデンは「心の底から仏教に帰依した人」でもあった。極貧の遊牧民の女性の私生児として生まれたゲンデンは、ラマ僧に拾われ教育を受け、篤い信仰を持つようになった。ゲンデンという名も「お坊さん」という意味合いを持つという。政治家としてモンゴルのトップに上り詰めたものの、宗教を否定する社会主義に心の奥底では染まりきってはいなかった。しかしその頑なさがゲンデンを悲劇へと導く。

　1年後の1935年12月30日、モスクワでスターリンとゲンデンは再び会談する。ソ連側は国防人民委員（国防大臣に相当）のボロシーロフ、人民委員会議議長でスターリン側近のモロトフも同席。盗聴などスパイ活動で得た情報も小出しにしながら、ゲンデンを問い詰めた。

スターリン「満州里で行われた交渉で、あなたは、この交渉も国境での事件も、モンゴルと満州国の問題ではなく、ソ連と日本の問題だと言ったそうだね。だからこの問題は彼らが話すべきで、我々ではないと。これはなぜかね？」

ゲンデン「それは嘘です。挑発です。私はそんなことは言っていません」

モロトフ「隠さないでください。自己弁護しないでください。同志スターリンが言ったことについて、我々は正確で信頼できる情報を持っているのです。もうひとつこんなこともあります。あなたは酔っぱらった時いつもソ連に敵対する挑発的なことを口走っています。ここに来る時も、『俺は健康な状態なのにクレムリンの病院から長期の休暇を言い渡され、クリミア（ソ連の保養地）へと送られる』と述べていましたよね。我々はそんな陰謀は企てていませんし、そんな遊びはしませんよ」

ゲンデン「それも嘘です。そんなことは言っていませんし、知りません。いったい誰がそんな中傷をするのでしょうか」

会談の冒頭で強烈な脅しをかけたうえで、国防人民委員のボロシーロフが本題に切り込んでいく。

ボロシーロフ「ゲンデン、あなたは、自国の軍隊についてひどく誤った見方をしている。もし軍隊を強化したいなら資金が必要になります。あなたは去年、我々に約束をしたのに、まだ何も実行していない。そのとき同志スターリンはこう言ったはずです。独立を守るためには強い軍隊が必要で、もしあなた方が強い軍隊を作らなければ、誰もあなたを相手にしないでしょうと」

ゲンデン「私たちは軍隊に十分に目を向けています。200万トゥグルクを投じています（中略）」

スターリン「それでは少ない。国家予算の何パーセントを軍に割いているのだ？」

ゲンデン「25パーセントまでです。600万～750万トゥグルクになると思います」

スターリン「少ない。私たちは国の防衛が必要な時は、国家予算から70～80パーセントを軍事費につぎ込んでいた。（中略）ゲンデン、もしあなたが、国の防衛は必要ない、モンゴルはソ連との関係で苦しんでいる、ソ連はモンゴルをだまし利益を得ていると思うなら、そしてもし日本と仲良くしたいと思っているなら、どうぞお好きに！（中略）あなた方が望まないなら何も強制はしない。これはあなた方の内政問題です」

しかし、ここでもゲンデンはスターリンらソ連指導部の提案を飲まなかった。この3ヵ月後、ゲンデンは突如公職を追放され、療養の名目で家族とともにソ連のクリミア半島へ連行される。ソ連の意向を受けたモンゴル共産党中央委員会は、ゲンデンに「右翼日和見主義者」とレッテルを貼り、ソ連との友好関係にひびを入れたとして問責したのだ。その翌年、ゲンデンはソ連で逮捕され、「日本のスパイ」「反革命的分子」として裁判にかけられ、処刑された。ゲンデンの後任にはよりソ連に従順なチョイバルサンが選ばれ、ソ連はモンゴル国内に強い影響力を持つようになった。

ゲンデンが公職を追われた1936年3月、正式にソ蒙相互援助条約が結ばれる。第三国から攻撃を受けた際の相互防衛義務はもとより、ソ連軍がモンゴル国内に駐留するための法的な裏付けができた。満州国と国境を接する東部エリアだけでなく、モンゴルの各地にソ連軍が駐留する状態となった。

ゲンデンの失脚とともに国内で3万7000人のラマ僧が「日本のスパイ」などと罪名を着せられ粛清された。ノモンハンの3年前、ソ連は満州国の西側に、モンゴルという巨大な衛星国を作り上げることに成功したのである。

懇願する蔣介石

スターリンの視線は南の中国へも向かう。

中国国民党政権の指導者・蔣介石は「ソ連は最大の敵」と公言していたし、自身もソ連に滞在した経験からソ連とその官僚主義を激しく嫌っていた。しかし、一時は国交断絶状態にもあったこの二つの大国が、1937年に日中戦争が始まると、その関係を劇的に改善させた。日中戦争開始のひと月後には、両国は即座に中ソ不可侵条約を締結、ソ連を毛嫌いしていた蔣介石はスターリンにあからさまにすり寄っていった。ロシアのアーカイブには蔣介石がスターリンにあてた親書が多数残されている。

蔣介石の手紙（1939年3月22日）

同志スターリン閣下！　去年6月10日に武漢であなたからいただいたお手紙は私を勇気づけ、際限のない喜びをもたらしました。国際社会における偉大なる二つの民族、中国とソ連の責任、深い感謝の気持ちで返答の手紙を書かせていただきます。（中略）私たちは抗日戦争の最中にありますが、偉大なる閣下や、あなたの国の友好的な人民からの同情を幸運にもいただき、また、人的、物的な支援も数多くいただき、抗日戦争における中国の力を強化することができました。（中略）中国をとりまく国際情勢は特殊で複雑なものですが、最大の友人はソ連です。両国とも新たに革命でできた国家ですし、より緊密な関係こそ両国が目指す共通の方向です。

蔣介石はソ連との不可侵条約締結を機に、様々なルートを通じてソ連からの支援物資を要望する。抗日戦争を闘い抜くためとはいえ、それはもはや恥も外聞もない、なりふり構わぬ〝無心外交〟だった。

蔣介石の手紙（1938年5月5日）

現在中国ではたくさんの武器が足りていません。特に航空機が必要です。この問題について私はあなたの国の大使を通じて、武器や航空機を大量のロットで信用供与してもらえないか交渉を求めてきました。（中略）中国とソ連は極東の政治情勢において共通の利益があるはずです。（中略）切にお願いいたします。武器と航空機を急ぎ信用供与してください。（中略）特に飛行機です。中国にはいま10機しか残っていないのです。

スターリンから中国側への回答は「全力で支援する」だった。

スターリンからの返信（1938年5月10日）

我が国からの支援に関しては一秒たりとも疑う必要はありません。侵略者との英雄的な解放戦争を戦う偉大なる中国人民を助けるためには、考えうるすべてのことがなされるでしょう。あなた方が求めている航空機もすぐに送り届けます。

その言葉通り1937年から’41年にかけて、航空機1235機、大砲1600門、機関銃1万4000、ライフル銃5万丁などが、ソ連から中国に運び込まれた。輸送には、ソ連から中国国境まで貨物列車5640両が動員されたという。さらにソ連は軍事顧問や航空機のパイロットなど5000人を超える軍人を派遣し、抗日戦線を下支えする。

もちろんそれは単なる善意ではなく、冷徹な国際政治のリアリズムに基づく判断だった。独ソがひそかに接近を図る以前、ヨーロッパで急速に台頭するナチスドイツにソ連は強い危機感を抱き、極東で日本との戦争に踏みきる余裕はなくなりつつあった。スターリンは、日本を中国戦線に釘付けにしようと画策していた。

一方の中国・蔣介石もソ連を利用し、抗日戦争を生き残ろうと模索していた。蔣介石は中ソ不可侵条約から関係をより強化した軍事条約の締結を打診、さらに側近を送り込み、ソ連が日中戦争に参戦するよう繰り返し促していた。

1937年11月、蔣介石の腹心の軍人・楊杰《ようけつ》がモスクワでスターリンと面会した記録がロシアのアーカイブに残されている。

楊杰「全中国がソ連に期待をしています。(中略)日本の後方が弱ってきた時に、あなた方は抗日戦争に参加してくれるでしょうか？」

スターリン「いまソ連は日本と戦争をすることはできない。中国が日本の攻勢をはね返したら、ソ連は参戦する必要はない。日本が勝利しはじめたらソ連は参戦するだろう（中略）」

楊杰「偉大なる指導者スターリン閣下、そのお言葉すべてを蔣介石に伝えます。もし中国が滅亡を始めたら、ソ連に期待してもよいのでしょうか？」

スターリン「いいや、偉大な国家が滅亡することはないだろう」

それから1年後の'39年2月にも蔣介石はソ連とのパイプもある側近の孫科を密かにモスクワに送り込んでいる。深夜12時から始まった会議、ここでも中国側はあらためてスターリンに参戦を要望した。

孫科「中国はソ連からの支援強化を期待しています。もちろん他国からも軍事援助をもらっていますが数は多くありません。ソ連からの支援は軍事行動にある程度の影響を及ぼしていますが、もっと大きな助けが中国には必要なのです。（中略）願わくは、貴国が日本に宣戦を布告してほしい。中国はもちろん無理強いするつもりはないが、我々はそれを望んでいます」

スターリン「日本への宣戦布告は二つの理由からいまは目的にかなわない。ひとつは、それを行うことで中国の国際政治での立場が悪化するであろうこと。中国を支援していた他の国が日本の側についてしまうかもしれない。もうひとつは、日本は確かにたびたび我々の国境を侵犯しているが、我々の領土の中に彼らは留まっていない。つまり我々が宣戦布告を行うことは侵略だととらえられるだろう。(中略)中国は必ず勝利する。なぜならば自らの存亡をかけて戦う民族を滅ぼすことはできないからだ」

中国側の執拗《しつよう》な要望にもかかわらず、スターリンは参戦を拒みつづけた。この時点ではまだ西のナチスドイツの動向に変化はなく、ソ連は東で国益を脅かすようなリスクを冒すことはできなかったからである。

しかし、ノモンハン事件の始まる1939年春には、国際政治における地殻変動が始まっていく。

独ソ不可侵条約締結に向けた独ソの接近が、秘密裏に始まっていた。

一方、日本陸軍は、東京の参謀本部も関東軍も、「よもやソ連は本気ではやるまい」、そう信じきり、独ソの策謀に気づく由もなかった——。

第二章　参謀・辻政信

絶対悪か天才参謀か

ノモンハンで一兵卒として戦った柳楽林市さんは、80年が過ぎたいまも、ある軍人への怒りを抱きつづけている。

「辻政信なんかは優秀だったんだろうと思いますが、それが関東軍に回された。何とかして早く中央の参謀本部にもどりたい。そのためには自分が何らかの軍功を立てなくてはならない。おそらくそんな思いで戦争をやったんじゃないかっちゅうことしか思えないです。自分の功績のために、功績をあげるために戦争を起こす。その辻参謀が憎たらしいです」

関東軍作戦参謀・辻政信。

いち少佐でありながら、過激な言動によって関東軍内部で強い影響力をもち、陸軍中央をも引きずり回した。辻がいなければノモンハン事件は起こりえなかった——そういっても過言ではないほど、この戦争における辻の役割は大きかった。

〝作戦の神様〟〝陸軍きっての秀才〟と語られる一方で、作家の半藤一利氏からは「絶対悪」とも評される。戦後は『潜行三千里』などベストセラーとなる書籍を出版し、国会議員にも選出された辻政信とは、いったいどのような人物だったのか。

アメリカ南カリフォルニア大学にはその手がかりとなる貴重な資料が残されていた。

ノモンハン事件に関する陸軍関係者の150時間にわたる音声記録を残していたのは、1200ページもの大著『ノモンハン』を記した、アメリカの軍事史家、アルヴィン・クックス（故人）である。在日米陸軍の日本調査部などで戦史研究に従事していたクックスは、1951年からノモンハンの調査を開始。実に35年をかけて関係者への聞き取りを行い、その膨大な資料を大学に寄贈した。

参謀本部や関東軍の中枢にいた軍人だけでなく、当時の外交官や、ハルビン特務機関の諜報部員、現場で戦った末端の兵士まで、調査の範囲は広がっている。通訳を介して行われたそのインタビューは、時にひとり9時間を超える長大なもので、きわめて貴重な肉声の記録であった。本書ではこの音声記録に加え、読売新聞社『昭和史の天皇』の音声テープなどの「肉声」によって、辻政信の実像とノモンハン事件の深層に迫ってみたい。

辻の同僚でもあった関東軍の蘆川春雄少佐はこう証言していた。

関東軍参謀（兵站《へいたん》）蘆川春雄少佐の回想

「本人としては本当に、身を犠牲にして軍のためにやるという気持ちでいっぱいだったような気がするんですがね。ただ少し強すぎるものですから。参謀長だろうが軍司令官だろうが、自分のもとへ引っ張るということはたしかにありましたね。だから辻参謀を使いきる人ってのはなかなかいなかったでしょう」

陸軍士官学校で辻より年次が5つ上の三好康之中佐は辻の才能を絶賛する。

関東軍航空主任参謀　三好康之中佐の回想

「関東軍で辻の右に出る参謀はおりませんでしたよ。彼ぐらいの才能を持ち、彼ぐらいの実行力を持ち、彼ぐらいの死生観を持っている人はそうざらにはおりませんよ。非凡ですよ。自分はこの辻より非凡と言うやつがおったら、言ったやつは誰か聞いてごらんなさい。みんな馬鹿だから。大したやつおらんから。それで私はあなたが言うように辻に引き回されたのかもしらん。けれども彼は天才だもの。私とは違うんだもの。私よりか偉いんだもの」

関東軍の同僚から高い評価を受ける一方で、東京の参謀本部では辻について、異なる見方をしていた人物もいた。陸軍中央の参謀本部で作戦課長を務めた稲田正純大佐だ。

参謀本部作戦課長　稲田正純大佐の回想

「ノモンハンなんてものが起こらなきゃ、8月くらいにあそこ（関東軍）の参謀をやめさせて、（ヨーロッパへの）旅行にやっとったんですよ。辻は少しやりすぎるもんだから手を焼いてね。あいつのやり方は人を出し抜くんです。幕僚として使いうる手で、私の小股をすくうようなことをやる。辻はしっかりした偉い男だけど、私は天下の大事を任せられる人じゃないと思っているんです」

辻政信

他を凌駕《りょうが》する圧倒的な才能と、曲げることのない強烈な意志、容易にはコントロールできない〝暴れ馬〟……。巨大な官僚組織でもあった陸軍の中で、史上稀にみる強烈なパーソナリティが前面に現れたのが「ノモンハン事件」だった。

ノモンハン事件のきっかけといわれるのが、辻が起案した「満『ソ』国境紛争処理要綱」である。ノモンハン事件のひと月前、1939年4月に、関東軍司令官の名前で満州全土の現地部隊に下達された。その内容はきわめて強硬で、天皇の大権を脅かすかのような一節もある。少し長いが、「関東軍機密作戦日誌」より引用してみよう。

方針

一、軍ハ侵サス侵サシメサルヲ満洲防衛ノ根本基調トス之カ為満「ソ」国境ニ於ケル「ソ」軍（外蒙軍ヲ含ム）ノ不法行為ニ対シテハ周到ナル準備ノ下ニ徹底的ニ之ヲ膺懲《ようちょう》

シ「ソ」軍ヲ慴伏《しょうふく》セシメ其ノ野望ヲ初動ニ於テ封殺破摧《はさい》ス
要領
二、彼ノ不法行為ニ対シテハ断乎徹底的ニ膺懲スルコトニ依リテノミ事件ノ頻発又ハ拡大ヲ防止シ得ルコトハ「ソ」軍ノ特性ト過去ノ実績トニ徴シ極メテ明瞭ナル所以ヲ部下ニ徹底シ特ニ第一線部隊ニ於テハ国境接壌ノ特性ヲ認識シ国境附近ニ生起スル小戦ノ要領ヲ教育シ苟モ戦ヘハ兵力ノ多寡理非ノ如何ニ拘ラス必勝ヲ期ス
三、国境線ノ明瞭ナル地域ニ於テハ我ヨリ進ンテ彼ヲ侵サザル如ク厳ニ自戒スルト共ニ彼ノ越境ヲ認メタルトキハ周到ナル計画準備ノ下ニ十分ナル兵力ヲ用ヒ之ヲ急殲滅ス右目的ヲ達成スル為一時的ニ「ソ」領ニ進入シ又ハ「ソ」兵ヲ満領内ニ誘致、滞留セシムルコトヲ得（中略）
四、国境線明確ナラサル地域ニ於テハ防衛司令官ニ於テ自主的ニ国境線ヲ認定シテ之ヲ第一線部隊ニ明示シ無用ノ紛争惹起ヲ防止スルト共ニ第一線ノ任務達成ヲ容易ナラシム
（傍線筆者）

年間200件に迫るソ連との国境紛争の拡大を防ぐために、辻ら関東軍の首脳部が考えたのは、ソ連軍の徹底的な「膺懲《ようちょう》」であった。すなわち初動において断固として武力行使

を行い敵の戦意をくじくことで、紛争の拡大を防ごうという積極策だ。

この要綱では、ソ連軍の殲滅のために、「一時的にソ連領内に侵入」すること、国境線が不明確な場合は、現地の防衛司令官が「自主的に国境線を認定」することまで認めていた。国境を越えての軍事行動は天皇の大権に関わる行為だが、この要綱では現地部隊が国境の外で戦闘を行うことを事実上容認していた。これがのちにノモンハン事件へとつながる重要なファクターとなる。

参謀たちが打ち出したきわめて強硬な方針。音声記録では関東軍の中でも異論が出たという証言があった。

関東軍作戦参謀　島貫武治少佐の回想

「問題は満『ソ』国境処理要綱ですね、あれが非常な、大きな問題なんですよ。その時に、（関東軍の）第三軍司令官の多田駿中将が、多田中将は（参謀本部の）参謀次長までやった人ですが、『これは大きな問題でないか』ってことで、意見を述べられたんですよ。要するに、国境に関して彼我違った意見を持ってるところにいろいろな紛争があるんでね、それを勝手にこちらのほうで自主的に決めて、そして、そこに出てきたものを叩くといったならば、大きな紛争が起きるのは必然だというふうに言われましてですね」

関東軍第三軍の司令官として、満州東部方面の防衛にあたっていた多田駿中将は日中戦争が勃発すると和平工作にも携わった〝良識派〟の軍人で、参謀本部参謀次長も経験した陸軍の大物だ。しかし、東条英機との政争に敗れ、当時、満州の軍を率いるいち司令官の立場へと追いやられていた。その多田の発した警鐘に対しても、当時の関東軍首脳部が耳を貸すことはなかった。

関東軍作戦参謀　島貫武治少佐の回想

「しかし、関東軍としてはあれ（多田の意見）を押しきったわけですよ。どうして関東軍がそれを押しきったかといえば、当時、国境紛争が非常にありましてね。小さい紛争がありまして、部隊がどうやっていいか分からないんですよ、曖昧で。自分の守るところも分からないんじゃ、任務が務まりませんからね。そして、何か起きるというとすぐ下の者に責任を負わせるんでしょう。それでは部隊は何をやっていいか分からない。国境紛争を処理するためにはこれしか方法がないんだというのでやったんで、紛争を起こそうとしてやったわけじゃけっしてないんだからね。それがたまたま紛争になったんですけどね」

関東軍は、新たに起案されたこの「処理要綱」を東京の参謀本部にも回覧している。しかし、参謀本部からは正式な反応は何もなかった（「関東軍機密作戦日誌」）。参謀本部作戦課の参謀から「個人的に」要綱が適切である旨を聞いたのみだったという。このような経緯から、関東軍としては「当然本要綱は中央部に於て認められあるもの」と認識していた。

「寄らば斬るぞ」の威厳

今回入手した当事者たちの肉声記録から、東京の参謀本部でも、この要綱の危険性は見過ごされていたことが分かってきた。作戦課の課員は関東軍から送られてきた「処理要綱」にほとんど注意を向けていなかった。

参謀本部作戦課　荒尾興功《おきかつ》少佐の回想

「東京ではそういう分厚い書類（＝「処理要綱」）が来ても、それは関東軍司令官のおやりになることだから、あまり気にしなかったわけだ」

当時参謀本部の作戦課を取り仕切っていた稲田正純大佐も、ほとんど意に介さず、関東軍の裁量に任せきっていたと語っている。

参謀本部作戦課長　稲田正純大佐の回想

「(「処理要綱」について) そんなことは、問題にしとらなんだ。それは、私が課長になって、関東軍が自発的にやる仕事に対して、いっさい、(参謀本部は) 了解せんことにしたんだ、私は。その代わり、関東軍には、とにかく、いま、日本の陸軍は、責任を負うて、支那事変を片付けにゃならん。関東軍が何をしたいと言っても、それ以上の大事なことはないんだ。それを、全力を挙げて協力してくれと。その代わり、関東軍が、その師団としてやることは、やりたい放題、もっとやらせると。しかし、度が過ぎたら、ぴたっと抑えるぞと。その代わり、ある程度までは、目をつぶってやらせると」

一方、「処理要綱」を起案した辻自身は、どのような考えを持っていたのか。戦後に辻自ら記した『ノモンハン秘史』において、その意図を率直につづっている。辻はソ連軍と関東軍の戦力差を認識したうえで、紛争を防止するためにあえて積極策に出たと主張している。

シナ事変を処理する間、北辺には事を起こさないよう戒慎《かいしん》を加えねばならぬ。これはおおよそ軍事常識ある者の、誰しも異論のないところである。ただ問題は、その手段について見解の相違があった。

中央部は「侵されても侵さない」ことを希望し、関東軍は「侵さず、侵されざる」ことを建前とした。

弱味につけ込む相手を前に控えて、消極退嬰に陥ることは、かえって事件を誘発するものである。

（筆者注・ソ連との軍事力が）三対一の実力とはいえ、「寄らば斬るぞ」の侵すべからざる威厳を備えることが、結果において北辺の静謐を保持し得るものであるとの信条は、軍司令官以下全関東軍の一兵に至るまで透徹していた考え方であった。(『ノモンハン秘史』)

当時、辻は関東軍の参謀中最年少で、身分もいち少佐でしかなかった。その辻が重要な「処理要綱」の起案にあたるほど影響力を持ったのはなぜなのか。

その理由のひとつは、この年の3月に行われた人事異動に求められる。この時関東軍作戦課の参謀は定期異動で総入れ替えとなり、残留となった辻は自然に関東軍で古参の一人となった。現場に足しげく通い、努力することを厭わない辻に対し、満州の知識や経験で比肩する者は関東軍にはいなくなっていた。

関東軍作戦参謀　島貫武治少佐の回想

「(関東軍の)作戦課があの時は全部替わったんですよ、人が。課長も替わりましたしね。そして、辻が非常に長いんですよ、関東軍におるのが。すべてのことで古くからおる辻君が、慣れておりますからね。一緒になってやるというのは自然の勢いなんですね。慣れてる者がやると。ほかの者が行っても、地名も分からん、部隊にも接していないというような状況ですから、活発な活動はできないんですよ」

この人事異動の結果、辻に好都合な体制ができあがっていた。新たに就任した関東軍参謀副長の矢野音三郎少将は、辻が金沢の歩兵第七連隊に勤務していた頃の先輩であり、作戦主任参謀の服部卓四郎中佐は参謀本部勤務の頃に「兄と慕った」(『ノモンハン秘史』)仲であった。また、すでに関東軍に勤務していた参謀長の磯谷廉介中将は、矢野と同じく辻の金沢時代の連隊長であり、辻が「父のように慕った武将」(同前)であった。中でも関東軍司令官・植田謙吉大将と辻との関係は長く深い。第一次上海事変(1932年)の際に植田は第九師団長を務め、当時そこで中隊長を務めていた辻とともに、最前線で戦闘の指揮に当たっていた。2人の信頼関係は厚く、太平洋戦争が終わってもその交流は続いていた。

こうしたある種の馴れ合い、辻が言うところの「上下一体、水入らずの人的関係」(同前)も、辻が影響力を持った理由のひとつだった。

全面衝突へのカウントダウン

この年の4月、各部隊に下達された「満『ソ』国境紛争処理要綱」は、ノモンハン事件の直接的な引き金となっていく。満州西部の防衛を担当する第二十三師団師団長の小松原道太郎中将は、モンゴル側の〝国境侵犯〟に頭を悩ませていた。日本が国境とするハルハ河を越え、東岸へと侵入を繰り返すモンゴル軍への対応は、それまで満州国の国境警備部隊にゆだねられていたが、小松原は新たな「処理要綱」を受けて正規軍の投入を決意し、5月11日、ノモンハンへ向けて200名の部隊を派遣した。当初、モンゴルの国境警備部隊との小規模な戦闘を予想していた第二十三師団の司令部に対し、モンゴルの後ろ盾となっていたソ連は正規軍を投入、本格的な戦闘へと突入する。

「第一次ノモンハン事件」の始まりである。

実は第二十三師団が正規軍の投入を決めた時、参謀本部作戦課の稲田正純大佐、荒尾興功少佐らはその現場に居合わせていた。関東軍の軍備充実のために現地部隊を視察していた二人は、偶然第二十三師団司令部を訪れていたのだ。

参謀本部作戦課　荒尾興功少佐の回想

「私はちょうどノモンハン事件の始まる頃に、稲田課長に付きまして、満州に行ったんです。そうしたところ、『何か国境のほうで問題があるらしい』と、こんな話で。それからずっと回って、第二十三師団に。その場に着いてみますと、師団長からお伺いしたところでは、『ハルハ河を越えて当時のロシアの勢力圏にあるものが、こちらに入ってきている』と。そこで『国境を守るという原則からそれを追っ払わなきゃならん』と、こういう話が出とった時なんです。それで、私の記憶では、稲田課長は『2個中隊以上の兵力を用いないでやってくれ』と。それ以上は用いるなと。『こんな砂漠の、言ってみれば〝原っぱ〟みたいな所で争ってもしょうがないんじゃないか』と。だからそれが、国境警備上困ると言うならば、2個中隊ぐらいの兵力で止めてもらいたいと。その時そのままで帰って来たんですがね。２個中隊ぐらいの問題で仮に小競り合いがあっても、それは鉄砲を撃ち合った程度で終わると、こういう程度の印象で、はじめ帰って来たんですよ」

参謀本部作戦課長　稲田正純大佐の回想

「えらい賑やかだなって私が聞いたら、いや実はノモンハンでこういうことがあったって言うんです。いま叩きにやるって。ノモンハンてどこだよって私が聞いたら、地図でここだって教えてくれたんです。何するんだって言ったら、さっき言ったような、時々来て、いたずらしてしょうがないから一回叩いておいてやらんと。悪い癖がつくから、一回叩いてやる。まあ言うことないから、行ったらしっかりやってくださいと言って送り出したんです。それで後、（第二十三師団の）参謀長と色々話したんです。こんなくだらんことはやるなっつって。そしたら、いや、バンと叩いてくるだけだからって言って。それだけでやめなさいと、あなたの仕事はそんな仕事をやるんじゃないって言って、私は話したんです」

稲田も荒尾も、後に深刻な事態を招くことを想像することなく、第二十三師団の軍事行動を黙認していた。しかし、予想に反して戦闘は次第にエスカレートし、双方が２０００人規模の部隊を投入するまでに拡大、あわせて４００人近い死傷者を出すに至ったのである。

にわかに緊迫の度を増した国境紛争。関東軍の参謀たちの間でもそれにどう対処すべきか議論が交わされていた。

議論の主役となったのは、他でもない辻政信であった。

1939年6月19日、関東軍司令部に現地第二十三師団から電報が届いた。ノモンハン付近に再び敵が越境・進出。さらには、敵機がカンジュル廟など、軍需物資を集積する日本側の拠点に越境爆撃を加えてきたという知らせだった。関東軍の参謀たちは「事態容易ならざる」と受け止め、緊急会議を開催した。出席者は関東軍作戦課長の寺田雅雄大佐、航空参謀の三好康之中佐、作戦主任の服部卓四郎中佐、村沢一雄中佐、それに辻政信少佐の5名だった。

日中戦争の解決を優先する陸軍中央を念頭に、まとめ役の寺田大佐は「関東軍方面に規模小ならざる戦闘を開始することは中央の気分を此の方面に牽制」するとして、穏健な解決を主張した。しかし、辻は上司でもある寺田に強く異論を唱え、積極攻勢を主張した。


不拡大を欲せば、侵犯の初動において、徹底的に殲滅することが必要であり、相手は我が譲歩で満足するような良心的な敵ではない。(中略)万一ノモンハンで明瞭な敵の挑戦を黙視せば、必ずや第二、第三のノモンハン事件が、さらに重要な東正面あるいは北正面においても続発し、ついに全面衝突に至るおそれなしとしない。(『ノモンハン秘史』)

辻の積極論に、強硬派の三好、そして辻が「兄と慕った」服部らが賛同、寺田も同意せざるをえなくなった。同僚の島貫の証言によると、辻は第二十三師団から届いた電報を誰よりも早くつかみ、議論を主導すべく、あらかじめ構想を練っていたという。重要な軍事情報をキャッチするために、辻は事実上二十四時間態勢で対応にあたっていた。

関東軍作戦参謀　島貫武治少佐の回想

「私らが馬に乗って司令部に行きましたらね、辻がちゃんとその電報を受け取ってるんですよ、前に。辻は前からおるもんでね、夜中でも重要な電報が来たら俺のところへ持ってこいというふうに言っとるんですね。ですから、辻は私らよりも2～3時間前にその電報を読みましてね、そして、案を彼は考えておるわけですよ。私らは何もそんなようなことは知らずに司令部に行ってみたら、第二十三師団からこういう電報が来た、こういうふうにしようと思うといって辻が自分の案を述べたわけですね。それで、作戦会議をしたわけですよ」

辻ら参謀たちは作戦課以外の各課にも根回しした後、「対外蒙作戦計画要綱(案)」を一気に策定する。辺境の紛争にもかかわらず1個師団、1万人を超える兵員を動員する大規模な作戦計画だった。寺田と服部は、計画策定後、関東軍参謀長の磯谷廉介中将のもとを訪れ、作戦の説明を行った。しかし、磯谷は勢いづく参謀二人を前にこう諭した。

出先の軍の行ふ作戦行動をして順調ならしむるの道は中央、出先が克く一致して同一思想の下に行動すること肝要なり　故に本案実行の為めには先づ中央に企図を報告し其の了解を得たる後行動を起しては如何
（「関東軍機密作戦日誌」）

磯谷は陸軍中央との連携を主張したが、辻の議論に賛同した寺田、服部は参謀長の磯谷にこう反論する。

若し中央に企図を報告する場合中央より行動すべからざる旨申し来らば関東軍は如何なる立場に置かるゝか　一方「ノモンハン」の現事態は到底看過するを得ざるものにして之を排除するは関東軍司令官の当然の責務なり
（同前）

それでも磯谷は簡単には納得しなかった。

作戦を主務とする参謀副長の矢野音三郎少将が出張中だったため、矢野の帰任後に研究

してはどうかと提案するが、寺田、服部の両参謀は「事態は到底此の如き悠長なる態度を許さざる」と譲らなかった。磯谷は結局、作戦計画案に「一応同意」、計画の採否に関しては関東軍司令官の植田謙吉大将の決裁を仰ぐこととなった。

作戦計画は辻ら若手参謀のシナリオ通り進むかに見えたが、植田の一言で綻びを生じはじめる。後にその綻びは大きな破綻へとつながる一歩になるのだが、このとき辻らはまだそれに気づいていなかった。

即席師団と旧式銃

のちに〝作戦の神様〟と称される辻政信。その言動には数多くの批判はあるが、戦場への優れた嗅覚を持ち合わせていたことは疑いようがない。

当初、辻は、作戦計画を担うのは現地ノモンハンの防衛にあたる第二十三師団ではなく、精鋭の揃った第七師団だと考えていた。

小松原道太郎中将の率いる第二十三師団は結成されて1年ほどで、いわば即席の師団だった。戦闘経験のない初年兵も少なくなく、まともな訓練もできていない状態だった。装備も明治期製の三八式歩兵銃を使用するなど不十分で、本格的な戦闘に耐えうるのか大きな不安があった。さらに司令官の小松原中将はソ連駐在武官を務めるなどロシア通ではあるが情報畑の軍人で、実戦経験がほとんどなく、作戦指揮の能力は未知数だった。

辻は当然そうした問題を熟知しており、ソ連・モンゴル軍と正面から向き合うのは、精鋭の第七師団とし、第二十三師団にはあくまで補助的な役割を担わせようとしていた。

辻の言葉を引用しよう。

植田謙吉

第七師団は、在満師団中の最精鋭であり、団結訓練の程度においても、第二十三師団とは格段の差がある。第一次ノモンハン事件で現われた第二十三師団の実力を見ると、敵を撃破すべき自信は遺憾ながら十分でない（以下略）。（『ノモンハン秘史』）

しかし、植田は辻らの計画を認めたうえで、意外なことを口にした。

（当）該地区は是れ第二十三師団長の担任する防衛地区に非ずや第二十三師団長として自己の防衛地区

に生起せる事件に就き他の師団を以て解決を策することが果して第二十三師団上下に与ふる統率上の影響如何此の点再考の余地なきや

（「関東軍機密作戦日誌」）

第二十三師団が担当するエリアでの紛争に、第七師団を投入することは士気に大きな影響を与えるのではないか。植田司令官は作戦遂行の有利、不利よりも、第二十三師団の面子や士気を重視し第七師団の運用に疑義を呈したのだ。参謀たちは第二十三師団を前面に立たせることへの懸念を訴えたが、植田は「おれが第二十三師団長だつたら辞めるナ」と述べるにとどまり、作戦計画は修正せざるをえなかった。植田を慕っていた辻は、この時の感想をこう記している。

「戦術的考察においてはまさにその通りである。しかし統帥の本旨ではない」

この老将の一言に、並み居る全幕僚は肺腑《はいふ》に太い釘を打ち込まれたように、粛然として答える者もなかった。まさに一本参った、との感に打たれたのである。（『ノモンハン秘史』）

辻によると、この植田の言葉を、第二十三師団の小松原に伝えたところ、小松原の両頬に「たちまち涙が溢《こぼ》れ落ちた」と記されている。その一方で、今回入手した音声記録には、矢面に立たされることとなった現場の悲鳴にも似た声が記録されていた。

第二十三師団参謀　鈴木善康少佐の回想

「私どもは、到底、自力では解決できる問題ではないように拡大せんだろうか、ということを予想しておりましたですよ。（小松原）師団長としては、上司に向かって、ごめんだとか、そんなこと何も言うておらんはずですが。内々では、訓練がまだできておらんし、大問題が起こったな、という感じは、内々ではありましたですよ。師団としてまとめて（戦闘を）やったことはないんですからね、本当に。戦車というものはないし。砲兵においてもね、三八式砲兵ですからね。驚くなかれ、日本でどこに行ってもそんな砲兵持っとる部隊ないです。一番古い。日露戦争の頃の砲兵です。実に泣けたですよね。部隊見ましてね。軽機関銃とか、重機関銃とかいう装備は非常に少ないしね。対戦車火器も少ないし。戦争やってみて、つくづく感じたんですが、その時からもう分かっとったんだね」

越境爆撃

対ソ不拡大の方針から逸脱しはじめた関東軍に対し、東京の参謀本部はまだはっきり制止する姿勢を示していなかった。〝関東軍びいき〟と自他ともに認める参謀本部作戦課長の稲田正純大佐は、日中戦争の解決を最優先とし、ソ連との余計な紛争を避けたいと考えながらも、関東軍の面子や裁量をも大事にしたいと考えていたのだ。その意味で、稲田自身もまだ優先順位をつけられず、あいまいな態度をとりつづけていた。

辻ら関東軍参謀の新たな軍事作戦の報に接した東京では、1個師団を動員する本格的な軍事作戦の是非について議論が展開された。稲田の回顧録によると、定例となっていた陸相官邸会議でも激論が交わされたという。

最も声高に反対の論陣を張ったのは陸軍省軍務局課長・岩畔《いわくろ》豪雄《ひでお》大佐である。参謀本部が実際の作戦計画を統括するのに対して、陸軍省は軍の運用を円滑に行うための軍事行政を担っていた。中でも軍務局は、予算・兵員の獲得や政治家との折衝などを担う中核の部局であった。稲田によると、岩畔はこう反対論を述べたという。

「こんな下らぬ問題に戦略単位を使用する。ずるずると事を拡大させたら一たいどうなると思うか、膨大な軍備拡張を要請しつつある参謀本部が、こんな消費を認めるとは何事か」

(稲田正純「ソ連極東軍との対決」)

しかし稲田は、本音では紛争の拡大を望んでいないにもかかわらず、関東軍の作戦を擁護した。関東軍の作戦計画に「一抹の不安」を覚えながらも、岩畔と対峙し、関東軍の拡大路線を後押しした。

参謀本部作戦課長　稲田正純大佐の回想

「岩畔が真っ向から反対しよったんです。官邸会議の時に、がんとして、私の言うこと、聞かなんだですよ。(私は)『関東軍に1個師団ぐらいは使わせてやれよ』っつって、『それで、へまなことをやったら、首切ったらいいじゃないか』っつって、私ね。それで、岩畔に、何回も話をつけたんだ。岩畔の言い分は本当なんですよ。私の言うことは、人情論ですからね。ということは、関東軍の顔を立ててやろうと思ってやったんです。私がやめさせるんじゃない、やめるなら関東軍がやめる。やるなら関東軍がやる」

主戦派と慎重派。平行線をたどる議論に、決着をつけたのは陸軍大臣・板垣征四郎中将だった。

石原莞爾とともに満州事変を首謀し、満州国建国の立役者となった板垣は、稲田や岩畔を前にこう言い放ったという。

「板垣さんが、『関東軍や、1個師団やそこらに、けちけちするなよ』っつって、それで、決まったんですよ。大臣は、私の味方をした。『そんなけちなことばっかり言っとらんで、2～3師団増やして一発かまさんかい』、そう言うんです」(同前)

この板垣の一言で、関東軍の作戦計画は事実上承認された。しかし、この後まもなく、稲田は、関東軍の参謀の暴走にほぞを嚙む。

6月27日、関東軍の戦闘機および爆撃機が日本が国境とするハルハ河をはるかに越え、タムスクやサンベースといったモンゴル領内奥地にあるソ連軍空軍基地の爆撃を決行した。国境を越えての軍事行動は天皇の大権に属するにもかかわらず、辻ら若手参謀は参謀本部にもいっさい知らせることなく独断で空爆に踏みきったのである。

この頃、ソ連軍の航空機はその数を急速に増し、当初は優位に戦闘を進めていた関東軍の航空部隊も、次第に劣勢に追い込まれつつあった。辻は自身の著書でその焦りをこう回想している。

質において断然彼（筆者注・ソ連軍）を凌駕したが、量には敵《かな》わなかった。疲労の累積で消耗する心配がようやく現われ始めた。これを避けるには、結局敵の根拠飛行場を急襲しなければならぬ。（中略）

地上においても述べたような徹底した兵力で、敵を撃破しようと決心した以上は、空中においても先制急襲によって、制空権を我が手に収める必要が当然考えられる。

独断で爆撃を決行したことについては、6月半ばに行われたソ連軍の越境爆撃を引き合いに出し、こう開き直っている。

敵がすでに我より先んじてカンヂュル廟とハロンアルシャン付近を越境爆撃した以上、報復として外蒙領内の敵基地を爆撃することは当然許さるべきである。

任務達成上の戦術的手段として、(筆者注・関東軍の)軍司令官の権限に属するもので、別に(筆者注・天皇の)大命を仰ぐべき筋合ではないと判断したのであった。

むしろ、中央部には黙って敢行し、偉大な戦果を収めてから、東京を喜ばせてやろうというような茶目っ気さえ手伝ったのである。

(『ノモンハン秘史』)

(同前)

カンジュル廟など日本の軍事拠点に敵が先に越境爆撃をした以上、報復は当たり前だとの論法だが、その強引な手法は、当然、関東軍内部でも議論となった。辻は関東軍の幹部を前にしても、一歩も譲ることはなかったという。

関東軍の飛行部隊（「ノモンハン戦線記録写真」より）

関東軍参謀（兵站）蘆川春雄少佐の回想

「タムスクですね、空襲をした時の前には幕僚会議でやりまして、その場面だけはいまでもよく覚えているものですから。軍管制室に軍司令官、参謀長が集まりまして、辻参謀が非常に積極的な意見を述べて。辻くんが中心でしてね。もちろん課長もそれに口添えしておりました。これはね、こういうようなことを辻くんが言っとりましたね。『関東軍司令官ともあろうものが、こういう国境のわずかなことで、いちいち中央の了解を取っとったら、満州の防衛はできんぞ』っていうような意味のことを言っとりましたよ。しかし辻参謀という人は、なかなか偉い人でして、自分がやると言った空襲には第一番機に乗って搭乗したり、一緒に空襲に行ってますね」

事実、辻は自らも身の危険を冒し、爆撃編隊に同乗し越境空爆に参加している。しかし、一方で、そのやり方は〝姑息〟という非難を免れ得ず、参謀本部の不信感を招くもの

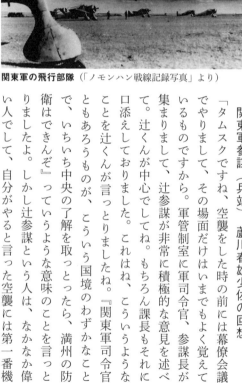

でもあった。辻ら関東軍の参謀は、東京の参謀本部が情報を事前に察知して、計画の中止を求めることを恐れていた。そのため、連絡要員となった関東軍参謀の島貫は、あえて電報も打たず、汽車で東京へ向かうなどの〝小細工〟まで行っていたと明かす。

関東軍作戦参謀　島貫武治少佐の回想

「普通はこういう命令を出すというと、すぐ電報でもって東京に報告するんですよ、事前に。ところが、この爆撃は企図秘匿ということが非常に必要だと。真珠湾の爆撃と同じように最高の企図秘匿を考えて、第一線部隊にも電報など打ちません。電報は打たずに三好参謀が現場に行って、そして、飛行部隊を指導しておるんです。東京にその電報を打ったら、それをもし傍受されておったら、全部何するもんでね。それで、私に持って行けと。ところが、私が行くのがそれよりも1日遅れて着くように計画して行ってるんだよ。それはいま言ったように、これを先に言うたら止められる恐れが。それで、（関東軍）軍司令官の責任においてやろうと。（参謀本部の）参謀総長から命令出されたら、これは従いますよ。これは従うけれども、その前に航空の運用ができなくなっては大変だからね、ノモンハンで勝つこともできないから、勝つ手段として軍司令官の責任においてやろうと。それがためには、東京の幕僚あたりが事前に知らないことが必要だと」

関東軍の〝だまし討ち〟の衝撃は、東京の参謀本部を揺さぶった。近年の研究で、実際に撃墜できたのは19機だったと分かっているが、関東軍はこの時、１４９機のソ連軍機を撃墜したと新聞記者を前に戦果を発表した。それが本土に伝わると、参謀本部と関東軍との間に大きな亀裂を生むことになる。中でも、関東軍の肩を持ちつづけた稲田の怒りは激しかった。稲田は、陸軍士官学校同期で関東軍作戦課長・寺田雅雄大佐に電話し、怒声を浴びせたという。

参謀本部作戦課長　稲田正純大佐の回想

「すぐ私は電話で寺田を呼び出したんです。新京（長春市の満州国時代の呼称。関東軍司令部の所在地）と東京の間には直通電話があったんで。そして怒鳴り上げたんです、何やってんだって。そしたら、飛行機ようけ叩き落としたでしょ、寺田、得意になっとるんです。それで新聞記者集めて堂々と発表したわけです。それで、もってのほかだって私怒鳴ったんです。これ以上言うたら、首切るぞっつって怒鳴ったんです。関東軍司令官以下全部首切りだぞって言って怒鳴ったんです。私が切るわけでもないけど。これほど東京で関東軍の顔を立てて、関東軍の面子を潰さないようにして、合わせてやらせて、東京は関東軍のやりいいようにやっとるのに、何を出し抜くかと」

不幸だったのは、このとき寺田の周りには関東軍の作戦参謀が同席し聞き耳を立てていたことだった。その様子を辻はこう描写している。

「馬鹿ッ、戦果が何だッ」

と怒号する東京の声が、甲高く漏れ聞こえた。受話機を持った寺田参謀の手は慄え、顔面には青筋が立っている。

死を賭して敢行した大戦果に対し、しかも明らかに我は報復行為に出たのに対し、第一線の心理を無視し、感情を蹂躙して何の参謀本部であろう。（中略）もしもこの際、「やあ、おめでとう。しかし、この次からは連絡に注意してくれよ……」とでも言われたら、お詫びの電報でも出したであろうに――。

参謀本部作戦課長のこの電話は、関東軍と中央部とを、決定的に対立させる導火線になった。（中略）余りと言えば無礼の一言だ。大戦果の蔭に散った英霊に対し、許し得ない。この憤激は全幕僚の声であった。

（『ノモンハン秘史』）


同席していた関東軍・三好参謀もこう証言している。

関東軍航空主任参謀　三好康之中佐の回想
「私もこれを聞いた時、作戦室で、くそって思うたね、稲田の野郎と思って。私もあの時はちょっと癪に障ったね。自分の非もあるんだから。こういうことやったら、やってしまった後についちゃ、参謀本部も、責任は俺が負ってやるというくらいのことがあってほしいもんだよ。それがなんだ、自分の責任ばっかり考えて、お前ら馬鹿、俺の言うこと聞かんって言って怒鳴りつけるというのは、そりゃ間違ってると思うね、私は」

辻が言うように、この電話が、参謀本部と関東軍との間に深い溝を生むことになった。これ以降、双方は情報のやり取りにも齟齬《そご》をきたし、戦況に少なからぬ影響を及ぼしていった。しかし、この無断越境爆撃の一件は、単なる連絡の行き違いというレベルを超え、より大きな問題へ発展していく。

昭和天皇の逆鱗に触れたのである。

大権干犯

昭和天皇は満州事変を念頭に以前からノモンハン事件の拡大を憂慮していた。当時、侍従武官長であった畑俊六の記録によると、関東軍の越境爆撃は、「明かに越権行為」であり、宮中では「大権干犯」だと見なされていた。

関東軍による爆撃の2日後、参謀本部の閑院宮参謀総長と中島鉄蔵参謀次長は宮中に参内、昭和天皇に謁見した。閑院宮参謀総長からは、今後ソ連軍の根拠地空襲を行わないこと、および関東軍司令官（植田謙吉）の処分について検討する旨まで上奏された。その時のことを稲田が回想している。

参謀本部作戦課長　稲田正純大佐の回想

「ひどく叱られたんです。第三国の奥地を爆撃するとは何事だと。陛下は第三国ということはとても気にするんです。それで、責任をどうするかって陛下に問い詰められているんです、参謀次長が。それで、只今作戦の最中だから、しばらくお待ちくださいと。作戦が一段落したら、必ず責任を取らせますって言って帰ってきたんです」

天皇に「責任をどうするのか」とまで問われ、作戦課長の要職にあった稲田はある関東軍将校の更迭を画策する。他でもない、辻政信である。稲田は辻を「事実上の関東軍司令官」と見なし、各方面に対し辻更迭の働きかけを開始した。

「どうせは人間のやることなんだから、理屈言ったたって命令出したって、人間(同士)が話つけな駄目なんだ。それで関東軍では、こういう馬鹿なことをやる奴は辻なんだから、辻を替えろって私言ったんです。それで、辻替えりゃ話は収まると。辻は強引なんで、あとは辻に引きずられているんだから。辻さえ替えりゃいいだろ、辻どっか他で使おうと。やることはそういうことなんだ」(同前)

しかし、稲田の目論見ははじめから躓く。稲田は所属する参謀本部の内部でさえも、同意を得ることはできなかった。

「天保銭（陸軍大学校を出た将校）の人事っちゅうのは、参謀本部の総務部でやるんですよ。課長が、岡田って課長で、辻を辞めさせるっちゅうことだけは、何としても言うこと聞かないんですよ。『稲田さん、辻はいい男ですよ。けっして、間違っとるんじゃないですよ』って言うんだよ。俺は『辻は役に立つ男だと思うけど、使いまわしが悪いんだ。いま、あそこに辻がおっちゃ駄目だ』っつって。『一遍、ヨーロッパに遊びにやれ。そして、帰ってきたらまた使う。もっと派手に使う』と。でも、（岡田は）何としても、うんと言わないんです」（同前）

岡田というのは、岡田重一中佐（当時）である。参謀本部庶務課長であった。岡田が辻のことをどう評価していたのか記録はないが、岡田の経歴を見ると、前年の2月まで関東軍作戦課で作戦主任として勤務している。作戦課で辻と1年間重なっており、直属の上司として、辻の人柄や仕事ぶりを目の当たりにする立場だった。

諦めきれない稲田は、陸軍の大物にまで根回しを始める。陸軍の最終的な人事権を持つ陸軍大臣・板垣征四郎中将と私的に面会、ここでも辻の更迭を直訴した。

「私はある日、私的に陸軍大臣に会って、二人きりで、辻替えなさいって提議したんです。あいつじゃノモンハン収まらんと。辻さえ替えれば関東軍は猫みたいになるから、辻替えなさいって陸軍大臣に私が提議したんです。板垣さんていう人は、割合気楽に話せる人でしたから。そしたら、板垣さんも辻には惚れ込んでおるもんですから。それで、『いやぁそういうこと言うなよ、可愛がってやれよ』って、こう言うんです。私は、辻は役に立たんとは言いやせんと。ただ、あそこ置いちゃいけないと、他で使おうと。他で使いなさいって言ったら、『そう言うなよ、そういうこと言わんで、ひとつ2～3師団やってガーンとやるか』って、こう言うんです。辻は板垣さんが関東軍の参謀長だった頃の懐刀なんですよ。そういう縁故っていうのはどうしたって残るんです」(同前)

板垣と辻の関係は遅くとも1936年4月にさかのぼる。

板垣が関東軍参謀長に任命された翌月、辻は関東軍の参謀として満州に赴任している。それから1年近く新京にある関東軍司令部で板垣と辻は上司と部下の関係にあった。その後も、辻は板垣に心酔し、板垣もまた辻を信頼し、目をかけつづけていたという。

稲田は結局、辻の更迭に失敗した。天皇の叱責にもかかわらず、辻の責任は結局うやむやとなり、ノモンハン事件を止めることはできなかった。天皇の意向よりも陸軍という巨大組織の情実が優先されたのである。音声記録で稲田はその本音をこう漏らしている。

「どんだけ命令を出したって動きはしない。天(子)さんの命令は絶対のはずだけど、絶対ちゅうことはないんですよ。どうにでもなるんですよ」

国家のため、人のため

36歳のいち少佐に過ぎない辻が、陸軍という大組織でなぜこれほどの人望を築き上げることができたのか。また辻の強烈なパーソナリティはどう育まれてきたのか。

石川県加賀市、静かで趣のある山中温泉街から、車で10分ほど走ったところに辻の生まれ育った集落がある。

清流が流れる深い山間の村は、吹雪になれば雪に閉ざされる。田畑のある地域からは遠く、かつては炭焼きを主な収入源とする貧しい寒村だった。

集落の入り口では、巨大な辻の立像が訪問者を出迎える。40年前に有志によって建立されたものだという。

長年この集落に暮らす女性の自宅を訪ねると、辻の直筆の書が大切に飾られていた。辻の性格を表すような力強く雄大な筆跡で、「耐雪梅花香」と記されていた。女性は辻への尊敬の念をこう語った。

「村中が神様みたいに思ってたからねぇ。やっぱり立派になられたから、村中がとても喜んでました。ちょっと我々の小さい時やさかいにもう、神様みたいな存在ですね、ほんとに。こういう立派な方がこんな田舎から出てくださったちゅうことはね、ありがたいことです」

辻の生家も残っていた。

瓦屋根の古い木造住宅の内部を、辻の甥にあたる政晴さんの案内で特別に見せてもらった。辻が暮らしていた当時のままに古い囲炉裏などが残されていた。石川に残る辻家の親族が協力しながら、建物の維持にあたっている。

生家は炭焼きを営みながら、浄土真宗の道場も兼ねていたという。清掃の行き届いた板張りの室内には仏壇が3つあり、そこに辻の写真が掲げられていた。戦後、国会議員に当選した辻が、中国の周恩来首相や、ユーゴスラビアのチトー大統領と会見した際の写真である。

生家の撮影では、政晴さんを含め、親族4人が深々と頭を下げて取材スタッフを出迎えてくれた。謙虚な人柄が内側からにじみ出るような方々だった。

ノモンハンやその後の太平洋戦争での作戦指揮で、辻は戦後激しい毀誉褒貶《きよほうへん》にさらされた。親族はその存在をどう受け止めているのか。聞いてみると、みな口を揃えて「いつも他人のことを思い、優しく、まっすぐな人だった」と言う。常に強硬で高圧的な軍人・辻政信のイメージとは違う、信仰心に篤く、まじめで一本気な辻のもうひとつの顔がそこにはあった。

親族にとって、いまも辻は大きな支柱と言える存在だった。戦後、旧軍人には社会的に厳しい目が向けられ、軍人であった父や祖父の存在から目を背けようとする家族も少なくない。しかし、辻家に関して言うと、それはない。たとえ辻本人と交流した時間はわずかでも、その印象を深く心に刻み込んでいた。その一人、甥の辻政晴さんは辻の後を継ぐかのように防衛大学校に入学、その後は陸上自衛隊に入隊し、その一生を国防に捧げた。地元小松市で、小松基地友好団体連絡協議会の代表世話人を務めるなど、小松の航空自衛隊と地域のつながりを作ろうと尽力してきた。

政晴さんが、陸軍大学校時代の辻の写真を見せてくれた。丸眼鏡の奥に光る鋭い眼光、辻が勉学にもっとも力を入れていた頃の写真だという。

「(写真は)宝と言うか……これを皆さん目標に頑張って、怠け心を抑えて頑張んなさいと、いうことだと思います。まあ、できれば、〝人のために頑張りなさい〟ということですよね」

辻政信は私利私欲ではなく、国家のため、人のために働いた……親族にはその強い思いが貫かれている。

辻政信は1902年に4人兄弟の三男として産声を上げた。

炭焼きを営む父・亀吉の仕事を手伝いながら、学業に励んだ。辻の12歳下の弟で、政晴さんの父・政良の回想によると、辻は学業を好み、帰宅すると、その日学んだことを復習するかのように母親に語り聞かせたという。

代々、浄土真宗の仏教道場を継承していた辻家では、道場としての仏壇、辻家の仏壇の二つが置かれていた。父の亀吉は毎日未明からお経をあげるため、子供たちは自然に経を記憶するようになった。

村の小学校の尋常科を終えると、同級生のほとんどは丁稚奉公に出されるのが普通だったが、学業優秀な辻は本人の希望と、教師の推薦もあり、高等科への進学の道を選んだ。集落から2里（およそ8キロ）も離れた町の小学校へ、辻は片道1時間30分かけて通いつづけた。雨の日も風の日も一日も休まず、山深い道を本を片手に通学した。

高等科を終え、陸軍幼年学校に入学すると、辻は努力を重ねて道を切り拓いていく。陸軍幼年学校、その後の陸軍士官学校ともに首席で卒業。陸軍大学校でも猛勉強を重ね、席次3位の好成績で卒業した。天皇恩賜の軍刀を授与され、陸軍でのエリートコースを歩みはじめている。その一方で、この陸大時代から、妥協を許さない性格も頭をもたげていた。正論を述べて譲らず、たとえ教官であっても相手を議論でやり込めたり、たびたび衝突したりしたという逸話も残っている。

陸軍内部で辻の名声を一気に高めたのは、１９３２年に勃発した第一次上海事変である。陸大卒業後、金沢の第七連隊で中隊長を務めていた辻は、上海に出征し、およそ1ヵ月の戦場で自ら陣頭に立って戦い、負傷する。野戦病院に搬送された後も再び戦場に戻り、部下とともに危険な前線を駆けめぐった。部下の信望は厚く、帰国後、弟の政良が兄を訪ねたところ、部下たちは「辻隊長とならばいつでも死ねる」と語っていた。作家の杉森久英によると、この上海事変での辻の活躍は陸軍内部でも大きな反響を呼び、各地で上官が部下に「辻を見習え」と言って激励したという。そして、このあと、辻は29歳の若さで参謀本部へ転属する。

「俯仰天地に愧《は》じず」

辻政信という軍人をどうとらえればいいのか。辻の次男・辻毅さんに話を聞くことができた。毅さんは東京大学を卒業後、日本電信電話公社（現・NTT各社）に入社、関連の子会社で社長を務めた。退職後は通信教育で仏教を学び、いまでも月に一度、愛好者らと集まって、仏教の原典を読む勉強会を主宰している。

毅さんとはじめて面会したのは、2018年1月末。場所は東京・紀尾井町にある文藝春秋の1階の喫茶店だった。少なからず緊張していた私は約束の30分前に到着、すると間もなく毅さんも姿を現した。手入れの行き届いたスーツに身を固め、話し口調は柔和で、丁寧だが、その主張には強い信念を感じさせる。舌鋒の鋭さ、鋭い眼光、その風貌は父・政信を彷彿《ほうふつ》させるものがある。毅さんは文藝春秋の元取締役で歴史作家の半藤一利氏とNHKに対する強い不信感を口にした。

「私はNHKという組織を信頼していません。何年か前に、太平洋戦争のシリーズをやったでしょう？　あのとき監修者は半藤一利でした。私はあれ以来テレビを見ていません。半藤は私の父を『絶対悪』だと決めつけています。世の中に『絶対悪』などないのです。人を『絶対悪』と決めつける人間は人間ではない。今回の番組は半藤の影響はありませんか？　もし半藤の影響があるならば私はいっさい協力しませんよ」（過去のNHKの番組に半藤氏が「取材協力」やインタビューの形で関わったことはあったが、「監修」として名を連ねたケースは調べた限り見当たらなかった＝筆者注）

半藤一利氏はその著書『ノモンハンの夏』のあとがきで、「『絶対悪』が、背広姿でふわふわとしたソファに坐っている」と辻政信を形容していた。

毅さんとその後も何度も面会を重ね、毅さんが主宰する仏教の勉強会にも参加した。「スッタニパータ（真理の言葉）」など、学生時代以降、触れることのなかった仏教原典を読み返す機会も得た。毅さんとの面会を重ねていくうち、辻政信に対する世間のイメージと、まったく異なるイメージを毅さんが抱いていることが分かってきた。

太平洋戦争が終結し、辻が内地へと帰還したのは、毅さんが8歳の時である。

それから辻が東南アジアで失踪するまでの10年ほど、毅さんは父の姿を目の当たりにしてきた。石川県の辻家の親族と同様に、父親としての辻のイメージは温かいものだった。

「本当に優しいんですね、根が。非常に優しい上に、もう本当に必死に努力をするタイプの、そういう人間を家族の中で見てまして、自分として、将来大人になるんならこういう人間を目指したいという形が私の正直なところでございますね。私、子供なのに一度も怒られもしない、殴られもしない、うちにいた犬や猫やその他の小鳥達に対してもとっても優しかったですね、そういう自然のものに対してもですね。それでいて、非常に意志を貫く、自分の意志を貫くところがありましてね。我々教えられたのは、とにかく神に恥じない行動を取ると。神様と約束するんだと、そういう気持ちで物事に接触していくという形で。言ってみれば私が子供の時から父に教えられて自分の座右の銘としているのは、『俯仰天地に愧《は》じず』という言葉でしょうかね。天を仰いでも、うつむいても、それぞれ天地の神様に恥じない行動を取ると」

毅さんは社会人になると、電電公社社員として全国を転々とする。父・政信が徹底した現場主義を貫いたように、どんなにポジションが上がっても、現場へ赴き部下とともに汗をかくことを旨としてきたという。満州の最前線でソ連軍と向き合い、汗をかいていた父親の思いは、東京の参謀本部の人間には分からないと毅さんは確信をこめて語る。

「軍人さんでもって、一回も戦地へ行ったことない人っていうのは、まさに何も分かってない人ですよね。私も23年近くサラリーマンやってきましたけども、まさに同感でした。一番最前線の仕事。汗かいて、けっして格好の良い仕事ではありませんが、泥だらけになって、泥まみれになって、私も穴掘りもやってきましたし、それこそ鉄塔の上の工事とか全部やってきた人間です、私自身が。それは机上では分からないことです。そこでの苦労をしなければ、何が一番の、技術的なポイントなのかということは分かり得ないかと思うんです。これをもう徹底的に、父がとにかく弾の下をくぐったことのない人間は駄目だと言ってたのは、まさにそういうことだと思います」

毅さんは、辻が陸軍のエリートコースをたどってきたという見方にも強く抵抗した。曲がったことが許せない、妥協を許さない辻の性格は、陸軍内部で煙たがられ、その人生は左遷の連続、昇進の面ではむしろ不遇だったと認識している。ノモンハンにおいても、何かを決断できる重要なポストにはいなかったと主張した。

「士官学校時代には、サンショウウオっていうあだ名付けられたんですね。要するに清い所にしか住めないですね。だから汚いことが苦手なんです。俺は濁ったことができなかった、やっぱり自分が至らなかった、恥であるということをあちこちで述べております。もうちょっと自分が汚いことができれば、もうちょっと大きなことができたのかもしれないのにということで、清濁併せのむことの必要性ということを最後まで後悔してました。大した地位が与えられたわけでもないし、大したポストを与えられたわけでもないし、そんな重要な役割を果たし得る場所にいなかったですからね。まあ、使いやすい人間じゃないですか、上役から見れば。責任はあいつにかぶせりゃいいし、手柄上げたら自分の手柄にすりゃいいしと。上役から見たら使いやすいですよね、そういう人間はね」

陸軍では例外的というわけではないが、事実、辻は頻繁に異動を命じられている。また花形とされる参謀本部作戦課に在籍した日数もけっして多くはない。強烈な個性、迫力のある言動で周囲を圧倒したが、参謀として保守本流を歩きつづけたわけではなかった。

しかし、ことノモンハン事件に関しては、その局面をひとつひとつ分析していくと、辻の影響力はやはり大きく、主導的な役割を果たしてきたと言わざるを得ない。

次章では、新たにロシアで発掘したソ連側の資料もひもときながら、ノモンハンでどのような戦いが繰り広げられたのかつぶさに検証していきたい。

第三章　悲劇の戦場

名将・ジューコフ登場

プーチン政権の下で急速な経済発展を遂げたロシア。その首都モスクワの中心部は連日ひどい渋滞に悩まされ、クラクションの音が鳴りやまない。

そうした大都市の喧騒の片隅に、人目につかないいくつもの歴史アーカイブがある。第一章でも紹介した、共産党関連文書のアーカイブ、文学や芸術に特化したアーカイブ、科学技術に関するアーカイブなど、その数は国立のものだけでも10を超える。その中にノモンハンでの作戦記録を集中的に集めたアーカイブがある。

「ロシア国立軍事アーカイブ」、エルゲーヴァー（RGVA）と略されるこの施設は、第二次世界大戦前までの陸軍の軍事作戦に特化した資料が集中的に保管されている。

ソ連時代に建てられた古い建物がいまも使われ、中に入ると明かりはついているが薄暗い。予算が不足しているのか、資料のデジタル化も進んでおらず、厚手の古紙にタイプ打ちされたオリジナルの資料をそのまま手渡された。

アーカイブの職員によると、ノモンハンに関する資料は「気の遠くなるほど膨大」にあり、とても読みきれないという。職員でさえもそのすべてを把握できておらず、分類もまだ十分ではない。それでも、終戦間際に機密書類の多くを焼き払った日本とは違い、当時のソ連軍の息遣いまで分かるような文書が多数残されていた。

資料に目を通す中で、ソ連軍の参謀本部は、戦闘の始まった当初から、異様なまでの警戒心をもって、ノモンハンでの経過を注視していたことが分かってきた。出先機関の関東軍に対応を丸投げした日本の参謀本部とはきわめて対照的だ。

1939年5月半ば、当時はまだ戦闘は地域紛争の域を出ない、小競り合いのレベルであったにもかかわらず、モスクワにある参謀本部は、モンゴルに駐留する第五十七特別軍の司令部に複数回にわたって問い合わせを行っていた。ノモンハンの現地で何が起こっているのか、事態を正確に把握しようと、司令官フェクレンコに繰り返し報告を求めていた。ノモンハン事件が始まって約10日後の5月22日には、国防人民委員（国防大臣に相当）のボロシーロフ自らが直接モンゴルの司令部に無線電話をかけ問いただしている。

国防人民委員ボロシーロフ「君はいつまでこの不愉快な出来事を我慢するつもりなのか？そこは君が責任をもつエリアのはずだろう？」

第五十七特別軍団司令官フェクレンコ「同志ボロシーロフ、どうぞ断固たる行動に出ることをご許可ください。これ以上（日本の）厚顔無恥なふるまいを許すことはできません」

ボロシーロフ「日本側の活動が活発になってから10日がすぎたが、君は軍人として当然やるべきことをしっかりとやっていないではないか。敵がどこに陣をとっているか偵察すること、敵の戦力を見極めること、恥知らずの連中が何をしようとしているのか、それを知ることさえできていないではないか。（中略）厳命する。明日丸一日を使って日本側の正確な配置を把握せよ」

フェクレンコはそれでもモスクワの期待に応えることができなかった。参謀本部は職務を全うできないフェクレンコの解任を即座に決断する。

フェクレンコに代わって、現場に投入されたのが、若き日のゲオルギー・ジューコフだった。のちにソ連軍の元帥として第二次世界大戦を勝利に導き、ソ連の国家的な英雄となる名将である。

このとき、ジューコフは42歳、実戦で大きな功績はあげていなかったが、ベラルーシの軍管区で司令官代理を務め、騎兵部隊の再建に携わってきた。厳しすぎる一面はあるが、決断力に富んだ有能な軍人としてソ連軍内での評価は急速に高まっていた。

ジューコフに与えられた役目は、現地ノモンハンにおける戦況の把握と、統率が不十分な第五十七特別軍団の立て直しだった。

ジューコフは赴任早々、戦闘における第五十七特別軍団司令部の統率について、日本軍の配置とその軍事力、どの陣地を取られどこを回復したのか、戦闘で失った人員、物資など、状況をモスクワにつぶさに報告している。その内容は具体的で多岐にわたり、かつジューコフは自軍の欠陥をも正確に報告していた。

（第五十七特別軍団の）配下部隊の行動は無秩序で、砲兵との連携も取れておらず、指揮は稚拙であり、夕闇の訪れとともに完全に方向を見失った。（中略）地上および上空での不満足な戦闘結果は、第五十七特別軍団部隊の明らかに不十分な訓練度と、あらゆる層におけるまったく低レベルな指揮のためであると判明した。その上で、日本軍を壊滅させるには地上部隊においても、航空兵力においても、十分な攻撃中核部隊を至急結成させなければならないこともはっきりした。

（ジューコフ最終報告）

ジューコフ将軍

つまり第一次ノモンハン事件の頃は、ソ連側もまともに戦争遂行できる態勢は構築できていなかったのだ。

危機感を募らせたジューコフは速やかにモスクワに支援

要請を行う。回想録によると、ジューコフは、空軍部隊、歩兵3個師団以上、戦車1個旅団、砲兵の強化などを要請。するとその翌日には、モスクワの参謀本部はその要望を満たすと回答した。それに加え、スペイン内戦（1936〜39年）で活躍したスムシュケービッチら、経験のあるパイロットも補充されるという〝おまけ〟付きだった。

最終的にノモンハンに集められたのは、第五十七狙撃師団、第三十六自動車化狙撃師団、第七、第八装甲車旅団、第六、第十一戦車旅団など。ジューコフの当初の要望を大きく上回る規模の部隊を送り込んだ。ソ連軍の攻勢が始まる8月末には5万人を超える兵員が集結、その中にはBTという名前で知られる時速40キロを超える快速戦車など最新型兵器も多数含まれていた。

不気味な静けさ

実は日本陸軍のインテリジェンスに携わる軍人の中に、この膨大な量の物資輸送に気付き、早くから警鐘を鳴らした者がいた。

そのひとりが、ソ連駐在武官の土居明夫大佐である。

土居明夫は太平洋戦争開戦の直前まで大本営陸軍部で作戦課長を務めていたことで知られる。しかし、そのキャリアの中心は作戦ではなく、インテリジェンス、特にロシア関係の情報畑を歩んだ。参謀本部でロシア課長を務め、情報の収集分析にあたるなど、ロシアンスクールの本流だ。ノモンハン事件が始まった5月、土居はロシア屋ならではの鋭い直感から、ソ連国内のある変化に早くから気付いていた。

　土居がソ連に赴任したのはノモンハン事件のおよそ1年前、その時にも、国境をめぐる日ソの武力衝突があった。現在の北朝鮮とロシアとの国境付近で日ソが衝突し、双方で5000名の死傷者を出した「張鼓峰事件」である。このときのモスクワの〝空気〟を土居は次のように回想している。

土居明夫

　張鼓峯事件が起きるやソ連の新聞ラジオは一斉に日本軍の非を鳴らし、日本国民は良いが陸軍が悪いと論評する。またモスクワの陸軍武官室の前には、連日のように労働者の群が『サムライ帰れ』と叫び示威運動する始末であった。（中略）ゲペウ（筆者注・ソ連の秘密警察）の私に対する警戒は一段と厳しく、旅行中ホテルの室の出口に椅子を置いて常時警戒、ボーイなどドアーを閉めずに私と応待する有様だった。

（土居明夫伝刊行会『一軍人の憂国の生涯』）

日本大使館だけではなく、土居の私邸にまでデモ隊と兵隊が押し寄せ、激しい抗議活動を繰り広げた。

しかし、それから1年後のノモンハンでは様子が一変した。日本では連日戦況が報じられる一方で、ソ連の新聞、ラジオはこの出来事についていっさい沈黙し、モスクワの日本大使館への抗議デモもなかったという。この不気味な静けさに土居はむしろ不安を覚えていた。

ソ連駐在武官　土居明夫大佐の回想

「ノモンハンは（張鼓峰事件の）明くる年だ、5月、これはうんともすんとも言わないんだ。新聞もラジオも。それで僕のところにデモも来てないんだ。で、僕はその前に隊付きをしてるんだ、ソ連の軍隊に。だからロシア人のことはだいたい分かってるつもりなんだがね。これは怖いと思ったんだ。そういうね、黙ってやる時には怖いんだよ」

この頃、土居にはもうひとつ気がかりなことがあった。独ソ関係である。それまで、メディアなどを通じて、両国は激しく互いを非難しあっていたが、その関係に微妙な変化が生じはじめていることを土居は鋭敏に感じ取っていた。

「ノモンハンの前の年にはね、どうもソ連とドイツ、スターリンとヒトラーの間、前みたいにあんまり喧嘩みたいなことをやらないと。少し心配になったんだ。どうも昭和13年に、いままでよりも独ソの間が激しいやりとりがないということについて、非常に疑問を持ち出したんだ。チェコの問題あたりの時だって、ソ連は抗議はするけれども、やり方がね、非常にユルフン（ゆるい褌《ふんどし》。「いいかげん」の意）なんだ。ここにね、リガ（ラトビアの首都）で僕が主催をして、フィンランドとかあるいはスウェーデン、ラトビアとかポーランド、ルーマニア、トルコ、そういうところのソ連をめぐる駐在武官だけに集まってもらって会議をしたんです。で、独ソ関係がおかしいんじゃないかと」（同前）

土居の直感は外れていなかった。第一章で触れたように、この頃、独ソは水面下で接近しはじめていたのだ。

西のドイツと東の日本、ソ連を敵視する東西の国にはさまれる中で、ソ連は安全保障政策を構築してきた。東西のどちらかで、大規模な軍事行動に踏みきることは、ソ連にとって大きなリスクを伴い、事実、そうした冒険主義にソ連指導部は乗り出してこなかった。ただ、もし密かにドイツとの歩み寄りが進んでいれば、当然、ソ連はその余力を東の日本へ向けてくるのではないか……そう考えた土居は、自ら東京の参謀本部で意見を述べようと、急遽シベリア鉄道で帰国の途についた。その途上、目にしたものは、予想を裏付ける、あるいはそれをはるかに上回る光景だった。
「秘書官である美山（要蔵）少佐を同行して、それで東京に報告するために帰ったんです。でね、僕ら二人で一生懸命、夜も寝ずにすれ違う汽車とさ、あるいは追い越す汽車を見た。その結論がね、銃砲、非常に大きな大砲、80門を中心に、戦車・機械化部隊が2個師団は少なくとも送られてると、東に。これは俺も大変だと思ってね、それで関東軍に寄ったんです、新京へ」（同前）
新京の関東軍司令部で土居は、植田司令官ほか主だった将校を前に、〝今度は単なる国境紛争とは違う〟と強く訴えた。
「関東軍司令官植田大将、磯谷参謀長以下幕僚みんなおる中で報告をした。張鼓峰とはまるで違うぞと。僕は言ったんだ、『もうこりゃ関東軍全力を挙げてノモンハンで戦う準備をするならええ』と。俺はまだそれでも足らんから、『内地から戦車とかあるいは飛行機とか、そういうものを大々的に送ってもらわなけりゃ、これはちょっと片付かんかもしれん』と、こういう報告をしてます。それだけ決意があってやってるかと」（同前）
植田司令官ら軍幹部がどのような反応を示したか記録はない。しかし、報告が終わったあと、土居はある軍人に別室に呼び出された。
辻政信である。

「その報告したあとで辻政信が僕を別室に呼んで、『土居さん、あんたあんな報告を東京でやったら、若い者がいきり立って（あんたを）殺すかもしれない』と。我々はソ連の戦車を新京に引っ張ってきて、戦勝祝賀会を開こうという準備してるんだと。僕がね、バカ野郎って言って怒鳴りつけたんだよ。まあ非常に僕を脅迫したのね。（辻は）『東京でそんな報告してはならんぞ』と。貧乏人がね、竹やりで戦車にぶつかるようなね。なんというかまあ合理的じゃないんだよ」（同前）

東京に戻った土居は、参謀総長の閑院宮載仁《ことひと》元帥、参謀次長の中島鉄蔵中将、侍従武官長の畑俊六大将、陸軍次官の山脇正隆中将と立て続けに面会、切迫した状況を訴えたが、陸軍の幹部たちは、関東軍以上に危機感は薄かったという。

僕は大本営でもね、あくまで戦うなら内地の機械化部隊を大量に送り込まなきゃだめだと、出先（筆者注・関東軍）にまかせておいたり、出先のいうことを聞いてやっていたんじゃだめだと。とにかく僕は慎重にやってほしいといったんです。（中略）いや、みなさん、一応うけたまわりおくといった程度でしかなかったですよ。

（『一軍人の憂国の生涯』）

土居の警告は結局、日本陸軍の中枢には届かなかった。参謀本部も関東軍も国際情勢の変化を軽視し、ソ連軍の戦力分析さえ怠ったまま、泥沼の戦いへ突入していくこととなる。

黒い水

１９３９年7月に始まった「第二次ノモンハン事件」は、まさに悲劇の幕開けとなった。日本側の攻勢で始まったこの戦いで、辻は壮大な作戦計画を立案した。現地防衛の任にあたる第二十三師団を主力に、精鋭の第七師団から歩兵部隊を増派、満州全土から虎の子の戦車約70両を集結させた。

辻の描いた作戦イメージはこうだ。

日本側が国境とするハルハ河の東岸に進出しているソ連・モンゴル軍に対し、日本の戦車と歩兵部隊が連携し正面から突撃する。その一方、歩兵を中心とする別動隊が一時的にハルハ河を西へ越境渡河し、敵の背後を衝く奇襲作戦を構想していた。奇襲部隊がソ連・モンゴル軍の退路を断ったうえで、前後ろから挟み撃ちにし、敵を殲滅《せんめつ》するという計画だった。

動員された兵員の規模は1万５０００人を優に超えた。辻ら関東軍の参謀たちは「牛刀

関東軍歩兵部隊の行軍（「ノモンハン戦線記録写真」より）

をもって鶏を割く」と豪語するほど事態を楽観していたが、ソ連軍の動きには、目が届いていなかった。

敵情を把握しないまま始まった関東軍の攻勢は、その開始当初から躓く。即席で集められた部隊は連携も悪く、また、十分な戦闘準備も整っていなかった。

ノモンハン事件の生存者、柳楽林市さんもこの作戦に動員されたひとりだ。１０１歳の古老の体の中にはこの時に被弾した手榴弾の破片がいまも残されている。

島根県浜田市の連隊に所属していた柳楽さんは、ノモンハン事件の前年に第二十三師団に転属、本格的な戦闘訓練も受けないまま戦場へと向かった。第二十三師団の駐屯地ハイラルからノモンハンまでは約２００キロ、40度にも及ぶ酷暑の中、徒歩で行軍した。

「一日中歩いてばかりおりますから、もう大変です。もう真夏、温度が、気温が40度は超えるような暑さでして。非常に暑いから喉が渇く。ところが、現地には水というものがなかったです。地面を掘れば、深く掘れば水が出てくるんですが、その水が黒い水でして。下が火山灰みたいな土の、その土だから黒い水が出てくるんです。それをハンカチで濾《こ》して飲めんことはないですが、水が大変不足だった。夜が明けると、露が溜まる。草に露が溜まる。その草の露をハンカチに染ませて集めて、ハンカチで集めて、そのハンカチを絞ってそれを飲んでおったと」

緯度の高いノモンハンは、夏場、日が落ちるのも遅かった。昼夜を問わず虫に襲われ、眠ることも容易ではなかった。

「夜は、真っ暗にはならんです。薄明みたいな感じだったです。寝る時間はありましたが、これはいつ敵が襲うか分からんから、ゆっくり熟睡はできません。それともう一つは、向こうの虻とか蚊というものが我々を攻めてくるんです。夜昼となく。それから、しっかりと覆面をして、体を全部覆っておらなければならない。大変暑い最中、熟睡ということはまったくできませんでした。だから、疲れ果てておりました」

ようやく前線に到着すると、行軍の疲れをいやす間もなく戦闘行動を命じられた。前述

ハルハ河の渡河は困難をきわめた（「ノモンハン事件写真集」より）

のように、関東軍の作戦は、ハルハ河東岸に進出した敵に正面から突撃する部隊と、ハルハ河を極秘裏に越境渡河し、背後から敵の退路を断つ部隊とで、挟み撃ちにするというものだった。

柳楽さんの所属した歩兵第七十一連隊第八中隊は後者の作戦に動員されたが、ここでも、作戦のずさんさが浮き彫りになる。ハルハ河を渡るための橋は、日中戦争で使用するため満州の外に運び出されていて、ようやく準備できたのは、訓練用の貧弱な橋一本のみ、トラック一台がようやく通れるような代物だった。しかも、架橋作業は遅れた。渡河訓練、架橋訓練が十分でなく、夜のうちに架けるはずの橋が出来上がったのは明るくなってからだったという。柳楽さんによると、渡河作戦が始まったとき、橋はまだ完成もしていなかった。

「工兵隊というのが川に橋を架けるわけですが、私らが渡る時にはまだ橋が完成していなくて、船を3艘か4艘並べて、その上に鉄板を敷いて、その鉄板の上を私らは渡りました。帰る時は、橋が完成しておりましたが、橋を渡る時に誤って川に落ちて、溺れて、沈んだり流されたりという人もあったようです」

もちろん、こうした事態に陥ったのは、辻ら関東軍参謀の作戦だけの問題ではなく、第二十三師団の統率の問題でもあろう。しかし、第二十三師団師団長の小松原道太郎中将は、この越境作戦自体に疑問を持ちながら現場で指揮をとっていたという。小松原の同期で参謀次長も務めた沢田茂はその回想録に小松原の言葉を書き残している。

師団司令部にきていた辻（政信）参謀がしきりに越境攻撃を求め、師団長が独断でやれんようなら、辻が関東軍司令官の名をもって軍命令を出すというので、つい、おれもむかっとなって独断で越境攻撃をやった

（沢田茂『参謀次長　沢田茂回想録』）

7月の作戦開始の時期には、辻や服部など関東軍のエリート参謀たちが現場に頻繁に出入りしていた。稲田の回想によると、この頃、小松原の指揮権は事実上形骸化していた。

小松原は十分に納得しないまま、指揮をとらざるを得ない状況に陥っていたのだ。

参謀本部作戦課長　稲田正純大佐の回想

「関東軍が、小松原さんを信用せんでですね。あの師団を信用せんのは、当たり前ですよ。ロシアと正面切って戦争する人らじゃない。小松原さんの統帥を、あまり信用しとらんのですよ、辻などは。ノモンハンの作戦は関東軍の参謀に引きずり回されているんです。（小松原は）それを『関東軍の参謀なんぞ生意気言うな』って叱りつけて、自分の意志を通すような人じゃないんです」

ちぐはぐな指揮によって、被害は徐々に拡大していく。柳楽さんたち歩兵部隊は、ようやくハルハ河を越え、7月3日からハルハ河西岸での本格的な戦闘行動が始まった。河を渡りきった日本の歩兵部隊を急襲したのは、３００両を超えるソ連軍の戦車部隊だった。関東軍はこの攻勢をまったく予想しておらず、柳楽さんたち兵士に対戦車戦の心構えはなかった。

「私らが思っておるのは、敵も日本軍と同じような装備だと思っておったんです。だから別に、恐怖心なんかはなかったですが、その戦車を見た時は、これは我々は駄目だなと思ったんです。これだけの戦車がおれば、我々はもう命はないな、ここで死ななきゃならんなという覚悟でした、その時は」

日本側はわずかな速射砲や、火炎瓶で敵の戦車に対抗しようと試みるが、容易に劣勢を挽回できなかった。司令部に帯同していた関東軍の参謀たちは、二十四時間もたたないうちに、当初の作戦方針を転換する。渡河作戦を中止し、東岸への全軍撤退を決めた。

撃退されたものの、関東軍の奇襲作戦は、実はソ連側の意表を突いた。近年公開されたロシアのアーカイブによって、ソ連側がこの奇襲攻勢をまったく予想できず、慌てて戦車部隊を派遣していたことが明らかになってきた。偶然にもその方面に進む戦車部隊がいたため、ジューコフは急遽進路の変更を指示、日本側を迎え撃つことに成功した。

戦車は歩兵を帯同しながら進軍するのが軍事の常識だが、この時は歩兵の派遣が間に合わず、戦車だけで戦わざるを得なかった。友軍との連携もとれず場当たり的な戦闘に終始し、ソ連側も戦車50両、装甲車40両という大きな損害を被っていた。

しかし、関東軍は、ソ連側の事情を把握できず、予想外の敵の出現に驚くばかりだった。そのため、敵に痛打を与えながらも、あっさりと引き下がった。土居の警告にもかかわらず、日本側は敵の情報を吟味する努力を怠っていた。ハルビン特務機関に属し、ノモンハン事件が始まると戦場で情報収集にあたっていた入村松一は、敵はほとんどモンゴル軍だと高をくっていたと証言している。

関東軍戦場情報班　入村松一少佐の回想

「日本軍は敵状につきましては、ほとんど正確な情報を持っていなかったですね。それですから攻撃をする7月の1日、6月の末頃は敵状はだいたい、第一次ノモンハン事件の時の敵状によって推察した。だからもうひとしきり蒙古軍だろうと。敵は蒙古軍だろうと。こんなにたくさんソ連軍が来てるとは思わなかった」

関東軍の島貫武治参謀は、戦後、こう弁明している。

関東軍作戦参謀　島貫武治少佐の回想

「ソ連軍が増強してることは知っておったけれどもね、実質よりは過小評価しておったろうな。いまから判断すればな。なかなか分からんもんだよ。戦をやって、ぶつかってみて、それではじめて分かるんでね。ぶつかりもしないうちから、そんなに的確に分かるもんでない」

夜襲突撃

一方で、越境渡河作戦と並行して行われたハルハ河東岸の作戦も窮地に陥っていた。満州全土から集めた戦車70両をフルに動員し、正面から決戦を挑んだが戦果は限られていた。敗因は様々に分析されるが、その最大の原因は、地形を軽視したことである。

ノモンハンの地形はハルハ河を境に西のソ連側は高く、東の日本側は低くなっている。ソ連側は河沿いよりも50メートルほど高い西岸の台地に陣取り、この場所からは関東軍が位置する東側の陣地を数キロにわたって展望できた。

今回のノモンハン現地調査では、西の台地でソ連軍の巨大な壕をいくつも確認できた。同行した軍事史の専門家・鈴木邦宏さんによると、その多くはソ連軍の砲陣地跡だという。砲陣地は日本側から目視できないよう、台地のちょうど陰になるところに巧妙に掘られていた。ソ連軍はこの高台から見下ろすようにして、関東軍に砲弾をぶち込んだ。

地形的に不利な状況の中で、まもなく始まった戦車戦も、わずか数日で勝負は決した。日本の戦車はソ連軍が仕掛けたピアノ線にキャタピラが絡まり、身動きがとれなくなる。そこに高台から放たれたソ連軍の砲弾が炸裂した。70両の戦車のおよそ半数が破損し、修理しなければ戦場で使うことはできなくなった。関東軍は作戦の途中で戦車部隊の撤退を決める。数少ない戦車は来るべき日ソ決戦に備えての大切な兵器であり、〝たかが〟国境紛争でこれ以上貴重な戦車を浪費するわけにはいかなかった。

関東軍作戦参謀　島貫武治少佐の回想
「関東軍としては、戦車は大いに活躍してくれるけれども、何しろ向こうの砲兵が非常に強力であってね、砲兵に制圧されるというと、戦車は非常に分の悪い戦をせなけりゃいけないんですよ。戦車はちょっと無理だと。もちろん戦車の部隊としては解散されると残念でしょうけれども、こんな分の悪い戦をいつまでもやらせとくわけにはいかないと。数も少ない戦車ですから、貴重な戦車をね。それで、戦車はここでもって我慢すると。戦況が悪い時期に途中でやめるというのは、敗戦を自認したようなもんではあるけれども、何分、敵の砲兵が台上から撃ってくるもんでね。その前に標的のように立っとるこちらの戦車というのは、何しろ分の悪い戦ですよ」

作戦計画が事実上破綻した関東軍は、〝お家芸〟の歩兵による突撃、白兵戦を繰り返すほか術はなかった。越境作戦から戻った歩兵部隊をハルハ河の東岸に再集結させ、敵の正面から突撃をしかけたが、歩兵はソ連軍砲兵の標的になり、おびただしい犠牲を出す。しかし、一見無謀なこの作戦が、意外な戦果ももたらした。昼夜を問わぬ突撃、特に夜襲が大きな効果をあげたのだ。

ソ連軍の司令官のジューコフが、国防人民委員ボロシーロフに宛てた、こんな報告書が残されていた。

ジューコフ報告書（7月8日）

敵の夜襲はもちろん予想はしていましたが、それは部隊に大きな混乱をもたらしました。極度に疲労し、損耗の激しい部隊については、予備軍に回し規律を取り戻そうとしています。（中略）いまも戦闘を行っている部隊は、7月2日から8日にかけての不眠と絶え間ない戦闘で疲れを感じています。

ひっそりと陣地に近づき、暗闇の中で突然襲いかかる日本兵の夜襲は、ソ連兵を恐怖に陥れた。パニック状態となり、陣地を放棄する部隊も相次いだという。7月10日の時点でソ連側の死傷者は1062人にのぼり、連日連夜の攻勢に、司令官のジューコフにも焦りと疲労が溜まっていく。

ジューコフ報告書（7月10日）

7月9日も一晩中、日本人はしつこい攻撃をしかけてきます。（中略）一部の部隊は夜襲に対してまったく準備ができていません。敵の攻撃の時に自制できず、むやみやたらに射撃をしてしまいます。それが敵の標的になってしまいます。交代要員もとてもひどい状況です。15～20パーセントはライフル銃を撃ったことがない者もいます。（中略）1

週間以内に訓練された力のある狙撃部隊をお送りいただけないでしょうか。

日本側の歩兵部隊も連日連夜の夜襲で睡眠も十分にとれず、兵隊たちの疲労は極限に達していた。柳楽林市さんは語る。

「(夜襲は)大体、夜半で終わりますから、突撃をしても。それで、その陣地を、たいていの場合は夜襲したら敵は逃げてしまうんです。だからそこでそのまんま、眠ってしまうわけです、疲れて。敵は逃げてしまったから、そこで眠ってしまうと。しかし、それは1時間か2時間です。そうすると夜が明けて、また(大砲を)撃ってくる。そうすると今度は、また後ろへ下がらなきゃいけんと。ということで、何回か同じことを繰り返しとるんです」

犠牲者の数も日に日に増加していった。師団長の小松原の日記によると、7月12日の時点で、死傷者数は2122名に膨れ上がっていた。戦死者が増えつづけ、遺体の回収もままならない中で、兵士たちは遺品にするため死んだ戦友たちの指を切って歩いた。

歩兵第七十一連隊副官　小野塚吉平大尉の回想

「戦死者はもう仕方がないです。大体はじめのうちは全部指を一本ずつこう切ったんです、戦死者の指。数が多くなってくるんですから、それもなかなか容易じゃない。今度仕方ないから髪の毛を切れと。髪の毛と爪を切れということで、爪、髪の毛、それからできれば指っていう風な具合にして全部切って、紙に包んで。それでみんな兵隊さんがそれぞれ背嚢《はいのう》に入れてやったんです。一応これを形見として取っておこうということでやっておりました。死体はもうそのまま積んである」

大きな犠牲を出しながらも、歩兵の奮闘によって、日本側は次第にソ連側の陣地を圧迫していった。7月10日過ぎにはソ連側をハルハ河の手前にまで追い詰め、ソ連軍がハルハ河に建設したいくつかの軍橋の爆破にも成功している。

しかし、あとわずかで作戦目的を達成するかに見えた矢先、突如として各部隊に作戦の中止が言い渡された。

物量が違いすぎる

7月の攻勢が始まる前、関東軍は参謀本部の同意を得て、日本本土から重砲兵2個連隊を呼び寄せていた。日本側の重砲は38門、「国軍最精鋭の砲兵」（畑勇三郎少将「ノモンハン事件の砲兵戦」）を用いて、高台に位置するソ連軍の砲兵陣地を壊滅させようという狙いだった。

7月10日頃、その砲兵部隊がようやくノモンハンに到着した。部隊を率いる内山英太郎少将は、砲撃によって日本側の歩兵に弾が当たる懸念があるため、歩兵の前進を抑制するよう師団長の小松原に要望した。夜襲が成功しつつあり、当然、小松原はこれに抵抗する。占領地域は徐々に拡大しており、夜襲を継続すべきだと訴えた。

結論を下したのは、同席していた関東軍の幹部だった。作戦課長の寺田雅雄大佐は関東軍司令官の植田謙吉大将の名前を持ち出し、砲兵主体の攻撃は「司令官の強い意向」であると強調した。砲撃によってソ連軍の砲陣地を撲滅すれば、ハルハ河東岸のソ連軍の撃滅は容易だと語ったという。関東軍司令官の意向とあらば、小松原もそれ以上の抵抗はできなかった。

7月12日、小松原はやむなく、配下の歩兵部隊に夜襲前の位置にまで後退するよう命令を下した。莫大な犠牲を出しながら獲得した陣地を放棄する……その時の思いを小松原は日記にこう書き残している。

小松原日記（7月13日）

（ソ連軍の）橋梁破壊ノ勇図ヲ達セスシテ帰還ス　無念想フヘシ（中略）

戦死者ニ対シ師団長トシテ申訳ナク自責ノ感ニ打タル

それからおよそ10日後の7月23日、3日間に及ぶ砲兵戦が始まる。しかし戦果は乏しかった。日本の砲兵部隊は装備は優れていても、実戦経験に乏しく、かつ弾数にも制約があったため、ソ連軍に打撃を与えることができなかったのだ。

野戦重砲兵第三旅団　岩田正孝大尉の回想

「あの当時弾薬は、この砲兵が使いうるものが、日本中全部集めても、そうないんですよ、日本全部集めても。この戦場に予定されたのが、7基数ぐらいじゃないですかね。弾が第一の難問、頭痛の種ですね。第二はレンジ（射程）ですよ。というのはですね、測地やりますね、どうしても射程の外に存在する敵の砲兵もおるわけですよ。届かない砲兵があるわけですね。最大射程なんですな。最大射程という射撃は、我々の平生のトレーニングでは、行ったことないんですよ」

逆にソ連は、日本側をはるかに上回る、無尽蔵とも思える弾数で関東軍を圧倒していった。ノモンハン事件全体を通じて、日本側の撃った砲弾はおよそ6万6000発、対するソ連は少なくとも43万発の砲弾を準備していた（秦郁彦『明と暗のノモンハン戦史』）。圧倒的な物量差が砲兵戦での勝敗を決める決定的な要因となった。

関東軍戦場情報班　入村松一少佐の回想

「私も元々砲兵将校ですからやっぱりそう（勝つと）思ったんですよ。なぜかと言うと、あんなにたくさんの大砲を並べてあんなにたくさん撃ったのは日本軍としてははじめてだったので。（一方のソ連は）日本のあらゆる陣地、砲兵陣地、歩兵の陣地、どこにでも撃つんですよ。我々は、日本人は貧乏だから弾一発一発を大事にね。向こうはもう目を塞いでパンパンパンパンパン……投げ捨てるように撃ちました。だからそういう時に皆こういう風に考えたんですよ。ソ連はもう戦争を止めて帰るんだと。だから戦場に積んだ大砲の弾はここで全部捨てるんだと」

関東軍作戦参謀　島貫武治少佐の回想

「（日本の砲撃で）制圧したと思っても、向こうは陣地を転換したり何かして射撃をやめただけであって、潰したわけじゃないんですよ。しかし、こっちのほうが撃って向こうがやめると潰したような気がしましてね。砲兵の効果が相当あったというような気がしました。ところが、いよいよ歩兵が攻撃前進するというと、また敵の砲兵が生き返るんです。あれほど撃ったのに大した効果がない。むしろ歩兵が前進した時には、前よりも異常に砲兵が盛んに撃ってくるというような感じでしたな」

小松原はこう日記（7月26日付）に記している。

我過テリ（中略）

砲兵ノ効果予想ニ反セリ　二、三時間乃至一日砲戦セハ敵砲兵ノ大部ヲ破壊シ得ヘシト信セシニ事実ハ之ニ反シ敵主力ハ後退コソセルカ其威力ハ概シテ衰ヘス（中略）何等砲兵ノ助力ヲ予期セスシテ攻撃続行セサリシヤヲ悔ム

砲兵戦が無残な失敗に終わり、日本側の挽回はもはや難しい状態に陥っていた。歩兵部隊がいったん退いた後、ソ連軍は陣地を取り戻し、再び備えを強化していたのだ。歩兵による夜襲もその効果は薄くなっていた。

当然日本側の犠牲は日に日に増加していく。壊滅的な打撃を受ける部隊も相次いだ。170人近くいた柳楽林市さんの中隊も、全滅に近い状態にまで減っていったという。負傷した戦友たちが次々と自ら命を絶っていく様子を、柳楽さんは目の当たりにしてきた。

「いよいよ最期だと思う人が、天皇陛下万歳っつってそこら辺り、何回か聞いております。日本国万歳なんて言う者はおらなかった。天皇陛下万歳って言って死ぬ。やっぱり言いたくはないけど恐怖心です。悲愴感と言いましょうか。あの人が、いまあの人の声だっていうような、切迫感と言いますか、いよいよ最期だなっちゅう、そんな突き詰めたような、ちょっと表現できませんが、そういうような気持ちに……嫌な感じです」

自分が生き残ることで精一杯、戦友の死に悲しみを感じる余裕さえも柳楽さんにはなか

った。

「人の悲しみちゅうことはあるが、次は俺の番だっちゅうようなことで思いがいっぱいで。そりゃ夜なんか寝ておって故郷を思ってとか、自分の親とか兄弟を、肉親を思うとか、夜になるとありましたが。弾がどんどんと飛んで来るような時にそんなことを思うことはなかったです。よし、もうこれで死ぬんだ、これで死ぬんだという思いだけでした」

この7月の攻勢で、日本側の死傷者数はおよそ5000人にまで膨れ上がった。柳楽さんも、一命はとりとめたものの、右腕を負傷し戦場を離脱することになった。

莫大な犠牲にもかかわらず、関東軍は結局ハルハ河の東岸からソ連・モンゴル軍を駆逐するという当初の作戦目的を何一つ達成することができなかった。

この後、7月末から、日ソ両軍の戦闘は膠着状態に入る。ノモンハン事件終結までのおよそひと月半、互いににらみ合いを続けるこの〝停滞期〟の対応が、日ソの命運を決める決定的な要因となった。

なぜ引き返せなかったのか

この期に及んでも、東京の参謀本部と関東軍との溝は埋められないままだった。

ノモンハンで激しい戦闘が行われている最中の7月20日、参謀本部は関東軍参謀長・磯谷廉介中将を東京に呼び出した。「関東軍機密作戦日誌」をもとに当時の状況を再現する。

関東軍の参謀たちは戦闘の最中に、軍の重責である参謀長を上京させることに憤り、はじめその要請を断ろうとしていた。しかし、磯谷自身がこの機に陸軍大臣や参謀本部の首脳陣と面会し意見交換をすべきと上京を決意した。

東京に着いた磯谷は、陸軍大臣と参謀次長のみとの面会を求め、部長クラス以下との会議は希望しなかった。推測だが、磯谷は軍の首脳陣と腹を割って実情を話し、ノモンハン事件の落としどころを探ろうとしていたのだろう。

しかし、ふたを開けてみると、会議には参謀次長だけでなく、部長級、課長クラスまでが列席し、磯谷に「奇異の感」を与えることになった。会議は磯谷を複数名が取り囲む中で行われ、磯谷は辻ら若手参謀の強硬論、いわば正論を主張せざるを得なかった。
（1）支那事変の解決が第一義であり関東軍として日ソ戦争の誘発は望んでいない
（2）越境ソ連軍に徹底的に打撃を与えることで対ソ紛争の不拡大を目指している
（3）ハルハ河の東岸を確保することは絶対必要である
（4）ソ連は全面戦争を企図しておらず、ノモンハンで徹底的打撃を与えれば将来の国境紛争を防止できる
これに対し参謀本部側は、皇族でもある参謀総長・閑院宮載仁元帥の承認を得た「ノモ

ンハン事件処理要綱」を磯谷に手渡した。

その内容は、遅くとも冬季までに事件終結を目指すことを大方針にしていた。ハルハ河東岸の敵を掃蕩《そうとう》するか、外交交渉が成立するか、その結果を問わず、冬季に入った場合は、「兵力ヲ事件地ヨリ撤去」することを求めていた。さらに、そこにソ連軍が侵入してきたとしても、情勢が整わないうちは、「地上膺懲《ようちよう》作戦ヲ行ハス」とした。

しかし、磯谷は、ハルハ河東岸の確保にこだわりつづけた。数千の英霊を犠牲にした場所を放棄することはできない、参謀本部があくまで撤退にこだわるなら、国境線の主張を変えるのか、とまで反論した。関東軍のエリート将校にとって、一度始めた戦争を何の成果も挙げないまま終えるのは耐え難いことだった。

磯谷は、参謀本部の示した「処理要綱」をあくまで案としてなら受け付けると主張し、自ら表紙に「案」の一字を記入して持ち帰る。結局、参謀本部側は、ここでも関東軍に気を遣い、強制力のある命令を下すことができなかった。

今回入手した音声記録によると、参謀本部作戦課長の稲田正純大佐は、天皇の正式な命令となる「大陸命」を起案し、関東軍の軍事行動を止めようとしていた。しかし、上司である参謀次長の中島鉄蔵中将がその直前で稲田を押しとどめたという。

参謀本部作戦課長　稲田正純大佐の回想

「参謀次長室行って、磯谷さんと二人で話しとったら、私にちょっと来いと言うんです。磯谷さんがおらんで、参謀次長ひとりで。それで、『磯谷さんがどうにもあれ（「処理要綱」）を持って帰れんからこらえてくれ』って言うからね。『参考に持って行ってもらうならいいけど、公式に持って行ってもらうことはやめえ』と言うんです。腹が立ちますけど、次長がそう決めたんだからしょうがないでしょう。『そうですか、じゃあしょうがない。上奏はやめましょう』って言うて。

大陸命を、『ちょっと控えろ』って言うんですよ。腹は立ったけど、怒鳴ってやろうかと思ったけど、一応、引っ込めたんですよ。その時に、（本来なら）参謀長が持って帰ったんですよ、その命令を。それは、打ち切れという命令なんですよ。7月末ですよ。7月末に打ち切りゃ問題ないんですよ。向こうが、兵力を増加せん時ですから」

関東軍の顔色を窺いつづける参謀本部は、ここでも戦闘を止める好機を逸した。

7月の攻勢に失敗した関東軍は、ちぐはぐな対応を続けていた。次に打ち出した戦略は「築城」である。満州赴任が長い辻の意見を参考に、マイナス30度にもなる満州の厳しい冬を迎えても、越冬防衛が可能な陣地を構築しようとの考えだった。

前述のように参謀本部は冬季には係争地から撤退することを求めていたが、関東軍はその方針を事実上無視し、これまで獲得した陣地を死守する方針を打ち出していたのだ。ただ、関東軍には陣地構築のための資材を運ぶ車両さえも不足していた。それでも、参謀本部の大方針と乖離しているため、思うように要望が出せないジレンマに陥っていた。

関東軍作戦参謀　島貫武治少佐の回想

「冬営設備および陣地設備には非常な材料がいるんだよ。これを運ぶには、自動車が非常に不足なんだ。東京のほうに自動車の部隊の増強を願いたくてしようがなかったけれど言えないんだね。これが東京と関東軍とが、方針が合わないのでね、非常につらいところなんだよ。東京は冬になったら下がれと言うとるだろう。そうあっさりとね。いままで関東軍の努力してやったようなことあたりは、どうなってもいいんだと。冬になったら（撤退）せいというのに対して、こっちは頑張ろうと思ってるもんでね、方針が合わんからな。自動車をたくさんくれ。東京もそれが必要なんだとなれば、東京だってやってくれるんだろうけどもね。やったらますます怒るからね。何を考えてるんだ、何を寝ぼけたこと言ってるんだって言われたらそれきりだから、方針が違うのが非常につらいところでね。自動車は本当にのどから手が出るくらいほしくてほしくてしょうがなかった。結局材料とか何かを運ぶのに自信がなかったわけだ」

召集された未訓練兵

実はこの頃、ソ連軍の新たな攻勢を予期させる情報が関東軍に伝わりはじめていた。それは確実な情報ではなかったが、関東軍内部でも、現場の部隊においても、その情報を真剣に検討し、綿密な裏取りを行うなど、危機感をもって新たなリスクへの対応にあたった形跡はほとんどない。

その理由はおそらく2つある。ひとつは、ソ連軍の物資輸送に関する日本側の認識の不足。もうひとつは、ソ連軍による「情報操作」に惑わされた側面があった。

前者から検討しよう。

〝まさかソ連軍の部隊が来るはずがない〟という思い込みは、陸軍関係者の頭にこびりついて離れなかった。

日本の第二十三師団の根拠地ハイラルからノモンハンの戦場まではおよそ160キロだが、防衛研究所が戦後に編纂した『戦史叢書』によると、当時の陸軍の常識では200～250キロが兵站《へいたん》の限度とされ、大兵力の場合、それ以上は輸送不可能だと考えられていた。一方、ソ連軍の兵站の拠点となるボルジャは、ノモンハンから最短でもおよそ650キロ離れている。それは日本の軍人にとって常識をはるかに超え、関東軍だけでなく、東

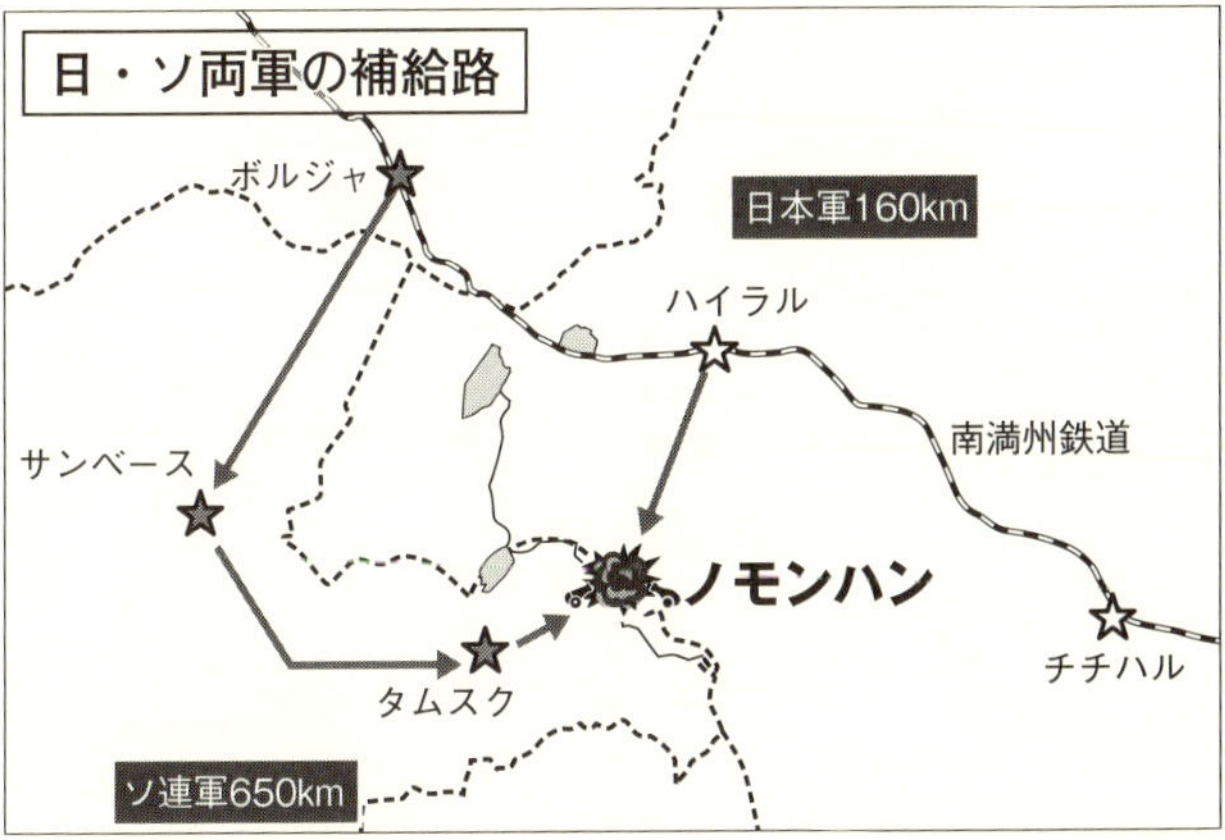

京の参謀本部においても、兵站においては日本は圧倒的に有利だと信じられていた。

参謀本部作戦課長　稲田正純大佐の回想

「(日本は)ハイラルからノモンハンまで師団を補給するために、満州のトラックをみんなかき集めてきたんです。民間のまで。それでやっとハイラルからノモンハンまで補給したんです。それで、向こう(ソ連)は鉄道から離れているでしょ、あそこ。とてもあんな所へたくさんの兵隊送れやしないと、関東軍は判断したんだな、東京もそう思ってた」

関東軍作戦参謀　島貫武治少佐の回想

「距離がこちらのほうは150〜200キロですね。1日に往復ができるというようなわけで、ガソリンを積まなくても行けるんですよ。ところがね、向こうのほうの800キロとなると、自分の

現在も残る掩体壕跡

車に積んでおったガソリンだけでは行けないんですね。ですから、途中でガソリンを堆積しないといかんわけだ。そういうふうに勘定すると、距離から言えば4～5倍だけれども、車のいる量は10倍なんですよ。ですから、ソ連としても非常な苦労、不利になる場所でね。戦場としては、われには有利であって、向こうは不利なんですよ。そこのところは明らかなことなんですね」

しかし、ソ連は日本側の甘い予測をはるかに上回る形で兵站線を構築していた。

今回のノモンハンの現地調査ではそれを示す新たな発見もあった。ドローンによる調査で、物資などを保管するための膨大な数の掩《えん》体壕《たいごう》、クレーターのようにポッコリと穴のあいた巨大な壕址が整然と並んでいるのが確認できた。その数、優に100以上。ハルハ河東岸の川沿いにソ連軍は、大規模な物資の集積地を作り上げ決戦の準備を進めていたのである。

ジューコフの名前に隠れてしまうが、この兵站の任務を担ったのは、グリゴーリー・シュテルンという軍人だった。ノモンハンまでの片道650キロの道のりは、当然、舗装された道路はなく、草原の道なき道を進まなければならなかった。シュテルンは長い道程の要所要所に、燃料の補給基地、仮設の自動車修理工場、運転手の宿営地や食堂などを設け、長距離輸送に耐えうる体制を作り上げていった。ソ連軍中央のバックアップもあり、最終的にシュテルンは9000台を超える貨物・液体運搬自動車を周辺地域からかき集め、前線部隊を強力に下支えした。

我々は肉を除いて（ここには家畜は十分いる）、その他に戦争の遂行と軍の維持のために使用できる現地のものは皆無であった。すべてが輸送に頼っており、しかも比較的近い地区からではなく、満州支線からの運搬によるものだった。（中略）軍後方は膨大な貨物を鉄道なしに約700キロも運搬しなければならず、この作戦にとっての計り知れぬ困難であった。仮に日本軍が同じ立場にあったならば、いかなる条件においても、強大な装備を持つ大作戦集団の輸送と補給に対処できなかったであろう。

（シュテルン「ノモンハン作戦全般報告」）

ソ連軍が最も苦心したのは歩兵の召集だった。最終的に日本側の倍以上にあたる5万7000人の兵員を集めたが、その中には戦闘経験のない未訓練兵も数多く含まれていた。兵員はチタ州やブリヤート共和国などモンゴル国境に近いソ連の町や村から急遽集められていたことが、今回の取材で分かってきた。

ロシア・ブリヤート共和国の首都ウランウデには、いまもノモンハンで戦った兵士の遺族たちが暮らしている。毎年5月9日に行われる第二次世界大戦の戦勝セレモニーでは、「ハルハ河の戦い（ノモンハン事件をロシアではこう呼ぶ）」と書かれたプラカードをもった人々の姿も少なくない。話を聞くと、祖父や父が兵士や運転手として徴用されたという。

ブリヤート共和国からノモンハンに動員された兵隊の数は1万6000人にもなるといわれている。若者たちはここから自動車と徒歩で1000キロ近い距離を行軍し、ノモンハンへと向かった。ジューコフによると、その中には小銃を手にしたことさえない若者も含まれていたが、戦場に到着した若者たちは十分な訓練も受けないまま、まもなく戦闘へと投入された。ソ連軍は日本側を上回る2万5000人の死傷者を出しているが、その背景にはこうした戦闘経験のない若者たちの動員があったと推察される。

情報戦

日本軍の〝ソ連軍は来ない〟という思い込みをさらに増幅させたのは、ソ連軍による積極的な情報工作だった。近年公開されたロシア側の資料から、ジューコフらソ連軍司令部が虚偽情報を流し、日本側を攪乱《かくらん》していたことが明らかになってきている。ジューコフは長期持久戦を匂わせることで日本側を油断させようとしていた。ジューコフの報告書からその一部を引用しよう。

偽装の目的はわが軍が長期防衛体制の準備をしているという印象を敵に与えることにあった。(中略)部隊には杭の打ち込みを命ずる嘘の命令が出された。(中略)モスクワに向けては冬季軍服やテント、ストーブの運搬を求める虚偽の要請が出された。また次のような偽電報も打たれた。「テント1万張り受領。ストーブ良質、8月22日より土小屋設置」など。各兵士には防衛戦にあたっての心得まで配布された。音声装置も大きな働きをし、杭の打ち込みの音や戦車の騒音などイミテーションを行った。敵を攪乱させるために、戦車小隊1個を抽出して毎夜前線を往復させ、部隊再編成作業の印象を与えていた。最初日本軍はこれを本物と受け取って、砲火を開いたりしたが、しかしその後は戦車の騒音に慣れたようで、注意を払わなくなった。これらすべての措置は日本軍をひどく誤解させ、木材伐採隊まで編成して冬に対する備えを始めたほどであった。

（ジューコフ「ノモンハン作戦全般報告」）

ジューコフによると、ソ連軍は日本がどの無線電話を盗聴しているかまで把握し、虚偽情報を流すための特別な無線電話も設置していたという。この情報工作は見事に日本側を欺いた。関東軍はハルビン特務機関などから入村松一少佐ら情報のエキスパートを集め、200人規模の態勢でソ連の暗号解読にあたっていたが、偽情報を見抜くことができなかった。

関東軍戦場情報班　入村松一少佐の回想

「攻勢が8月5日から10日くらいまでという命令があったけれども、『準備ができないんで待ってくれ』というような（ソ連側の）情報でしたね。5日から10日までの間に攻撃を始めよという命令が来たけれども、『まだ準備ができないから延期してくれ』と。『補給が非常に困難でもう音を上げた、困った』と。それでチタ（モンゴル国境に近いソ連の町）に集まってどうして補給するかという会議をしてる、こういう情報です。これはインスピレーション情報。印象操作。単純な偽情報ではない。平素、正しい情報を出している。正しい情報を出し、そして決定的なモメントに、瞬間に、嘘の情報をぱっと出す。そういうやり方。だから本当だという印象を与える」

陸軍中央と対立し、戦闘でも劣勢が続く関東軍の参謀たちは、こうした自分たちに有利な情報に無意識のうちにすがろうとしていた。

関東軍作戦参謀　島貫武治少佐の回想

「われわれがそれらの情報を見る時に、こちらに都合のいいような情報を、強く頭に有するんだな。たとえばね、こういうようなのがあるんですよ。夏の暑い時なんていうのは、向こうが遠いところから戦場に、自動車でもって移動するんだ、集中するんだがね、自動車がないとか、徒歩で動いておるとか、予定の通りに前進できないとかいうような情報あたりがわれわれのところに来ると、さもあろうと。向こうだって非常に困ってるんだというふうに、そういう情報はわれわれの頭に非常に強く響きましてね。いまのような情報のほうに飛びつくんですね。そんなような関係で、情報というものがうまい具合に活用されなかったということは、私は言えると思いますね」

置き去りにされた負傷者

ソ連軍の情報攻勢によって、関東軍は警戒をゆるめ、半ば緊張感を失っていた。

そうした中、8月20日に突如始まったソ連軍の大攻勢は、関東軍にとってまさに青天の霹靂だった。

第二十三師団第一野戦病院付上等兵　長尾一美の日記より

二〇（日）、今朝は霧が引いて居る。太陽の出る頃、急を告ぐる警急の喇叭の音。叫ぶ空襲の声。向かうの稜線の上に、数十機の戦闘機と爆撃機が投下。物凄かった。（中略）午前中は壕の中から出られぬ危さである。戦闘開始以来、今度の様な激戦はない、と誰か言った。物凄い戦闘。

ソ連軍のこの作戦は、ハルハ河東岸に陣取る日本軍を、北、中央、南から囲い込み、包囲殲滅するというもので、その統率の見事さから「ジューコフの傑作」と称される。「攻者3倍の原則（攻める兵力が守備側の3倍必要の意）」と言われるが、このときジューコフはそれに匹敵する軍勢を調えていた。兵員では日本側2万5000人に対しソ連側5万7000人、戦車および装甲車はソ連が823両を集めたのに対し、日本側は戦車、装甲車をほとんど持たなかった。わずかひと月の間に日ソの戦力差は大きく開いていた。

戦闘は〝電撃戦〟と形容するにふさわしいスピードで進んでいく。ソ連軍は時速40キロ

塹壕戦をたたかう関東軍（「ノモンハン戦線記録写真」より）

を超える快速戦車などで、日本側の各陣地をまたたく間に包囲、各部隊を孤立させ、補給を寸断した。それによって、日本側の部隊には食料も弾薬も届かなくなり、日本の将兵は飢えや渇きに苦しみながら過酷な塹壕戦を強いられた。

歩兵第七十一連隊　曾根辻清一の回想

「ロ助（ロシア人）が死んどれば、一番先あたるのが食べ物でしたねえ。その体へ蛆《うじ》がわいとってもねえ。何か持っちゃおらんかって思って。誰を見ても、目ばっかりキョロキョロして。（塹壕で）野ネズミを捕まえるんですよねえ。遠くに敵がおる時、壕へ入った時ね。何とも言われんような草が、もう、こういう所、こっちにこう生えてある。野ネズミがそこからそこを移動するわけだ。それを見たら、あんた、もう3〜4人ぐらいで競争でそれを獲る」
ソ連軍の猛攻の中で、各部隊は次々と壊滅していった。
「殺してくれー、殺してくれー、言うのをね、ほんと、あれだったですわねえ。家族の者は、遺族の者はね、あっと言う間に小銃で一発で死んだだろうって思いたいじゃろうが、人間死ぬという段なら一発で死なんですよ。むこうがええ具合に心臓をパッて撃ち抜いてくれりゃあええけど、あんた、大腿部あたりでね、元気なもんもみんな死んだんですよ。出血が多い言うて。衛生兵は来るじゃなしね、軍医はおるじゃなしに。ほんとに惨めな戦争であったですよねえ」(同前)
戦闘を指揮する第二十三師団の司令部も、ソ連軍の戦車に包囲され身動きが取れなくなっていた。師団長の小松原は友軍を救うために自ら先頭に立って敵部隊に突撃したが、劣勢を覆しようもなく逆に敵の包囲に落ちた。窮地に陥った小松原のもとには「状況の如何を問わず帰れ」と、関東軍(第六軍)から指令が届いていた。小松原は悩んだ末、撤退の決断を下した。第二十三師団の参謀・鈴木善康少佐がその時の様子を証言している。

第二十三師団参謀　鈴木善康少佐の回想

「夜の10時頃になって、(小松原)師団長が『鈴木、俺は司令官の命令を実行しようと思うが、どうか?』って。『そうしましょうか』と。要するに、下がるってことですね。夜の

10時頃でした。私はもう、これは師団長の最後だから、意見は何も申し上げなかったですよ。それじゃあそうしましょう、と。そこを離脱するには、この幾多負傷した人間をどうするか。どうしていいのやら。生まれてはじめてですからね。ウンウン言うとるのが、いくらでもおるんですよ」

撤退を決めた小松原は非情な決断を下す。負傷した兵隊たちを残したまま、司令部を去ることにしたのだ。

第二十三師団参謀　鈴木善康少佐の回想

「小松原閣下に『負傷者はどうするか』って言わしていただいたら『すまんけど、このままで』と。こういう状況が薄々、負傷者の目に、耳に分かった。『俺らをどうするんだ』って言われたのが、未だに頭に痛いですね。私ははじめてですがね。まあ、国のために尽くしてくれ、ということしかないですわ。涙が出たですよ、実際。私はね。しかし言う言葉がないですよ、何とも」

自力で歩ける負傷兵は、鈴木たちの後を亡者のように追ってきたが、もはや兵隊と呼べるような

小松原道太郎（左）**と矢野音三郎**

状態ですらなかった。

「後ろを見ると、他の部隊も、鉄砲逆さまに持っとるのはおるわ、鉄砲も何にもない、飯盒だけ持っているような、有象無象がゾロゾロ来るじゃないですか。僕は、退却してくる兵隊を、処置したですよ、将兵を。もう真っ青な顔になってね、意気地のない格好で、鉄砲は持たずに下がって来る……退却する将兵を、処置したんです、私は」（同前）

全滅か、撤退か

各部隊が次々と壊滅する中、ぎりぎりまで抵抗を続けたある部隊の記録が残っている。北部「フイ高地」の陣地を防衛していた第二十三師団捜索隊、部隊長の井置栄一中佐を中心に８００名の手勢で、火力に優る５０００人のソ連兵と対峙した。

今回の現地調査で、このフイ高地に築き上げられた巨大な防衛陣地の全貌がはじめて明らかになった。ドローンの高度を上げると幅１・５キロ、円形に張りめぐらされた塹壕の全貌が浮かび上がってくる。ナスカの地上絵を思わせる壮大なものだ。井置部隊はソ連軍の襲来に備え、網の目のように塹壕を張りめぐらせて決戦の日に備えていたのだ。

井置部隊はソ連軍に激しく抵抗し、その作戦計画を遅らせた。敵将のジューコフはその戦いをこう評している。

北部の戦区では敵の防御を克服することができなかった。フイ高地の敵に対する評価は不正確だった。（中略）実際にはそこには強力な抵抗拠点があり、その殲滅には数日間を要した。（中略）誰も捕虜として投降しなかった。

（「ノモンハン作戦全般報告」）

ジューコフは第九装甲車旅団など予備兵力を増派し攻勢を強める。部隊の戦闘詳報によると、砲撃は１分間に１２０発を数えるなど、戦況は日に日に悪化した。ある隊員がその様子を克明に記録している。

八月二十日（日）

フイ高地は優勢なる敵砲兵群の疾風射に、滅多打ちされた。黒煙は濛々と立ち込め、硝煙は深くフイ高地を包み、光芒の失せた真夏の太陽が爆煙の中に見え隠れしていた。（中略）交通壕には死傷者が折り重なって斃れ、うずくまり呻き声も敵砲弾の炸裂音に打ち消され、その震動は天地も動転せん許《ばか》りの修羅の巷と化し我が陣地は蜂の巣のような状態である。

八月二十三日（水）
壕内の兵の顔には血の気が失せていた。衰弱甚しく皆、土色をしていた。食うに食なく、飲むに水なく、昼は戦闘、夜は陣地の補強。壕内にうめく重傷者の声。漂う屍臭。皆捨鉢になっていた。弾丸も当たるなら当たれ、早晩戦死する身体である。天の一角を見詰め、只目を見開いているに過ぎなかった。
八月二十四日（木）
敵戦車は全火力を集中し、ソ蒙兵は手榴弾を雨のように投げ付ける。爆烈の火煙は物凄く、彼我の人影を包んでしまった。その煙の消えた後には、我が方の高村中隊長以下、殆ど全滅の惨状となった。
（藤木常武「ノモンハンの落日」）

極限の状況に追い込まれた井置部隊は24日午前11時、井置と各中隊長が集まり話し合った。800名いた兵員は300名にまで減っていた。部隊が壊滅的な打撃を受ける中で、井置は自決を決意していた。しかし、すでに重火器も尽き、無為に全滅を待つよりは主力部隊に合流し装備を整え再起しようと、中隊長らに説得される。すでに司令部との通信も途絶え、判断を仰ぐ手段もなかった。全滅か、勇気ある撤退か――煩悶の末に井置は部下にこう決断を伝えた。

敵情や部隊の状態は、皆の知って居る通りである。この儘では、敵に損害も与へ得ずして只餓死するのみである。支隊は本夜二十三時、陣地を撤し師団主力に合せんとす。

（「ノモンハンの落日」）

しかし、この井置の決断は、のちに大きな悲劇へとつながっていく。

10日あまりの戦いで、ノモンハン事件の帰趨《きすう》は決した。関東軍第二十三師団はその7割が損耗し、事実上、壊滅した。ソ連側の死傷者数は2万5000人、一方、日本側は2万人。死傷者数ではソ連の被害が甚大だが、作戦目的を達したのはソ連だった。関東軍はソ連・モンゴルの主張する国境線の外に完全に追いやられたのである。

ノモンハンを勝利に導いたジューコフは、その翌年、大将の称号を与えられた。スターリンにも謁見が許され、ジューコフは日本軍についてこう報告した。

スターリンとはこれまで会ったことがなかったので、私は強く興奮して引見にのぞんだ。（中略）スターリンはパイプたばこを吸いつけながら直ちにたずねた。

「君は日本軍をどのように評価するかね」

「われわれとハルハ川で戦った日本兵はよく訓練されている。とくに接近戦闘でそうです」と私は答え、さらに「彼らは戦闘に規律をもち、真剣で頑強、とくに防御戦に強いと思います。若い指揮官たちは極めてよく訓練され、狂信的な頑強さで戦います。若い指揮官は決ったように捕虜として降らず、『腹切り』をちゅうちょしません。士官たちは、とくに古参、高級将校は訓練が弱く、積極性がなくて紋切型の行動しかできないようです（後略）」

（『ジューコフ元帥回想録』）

乏しい装備で物量に優るソ連軍と対峙し、最善を尽くした現場の兵士たちに対し、軍の中枢を担う将校たちは己の面子を守ることに汲々とし、敵の姿はおろか、自軍の姿さえ見えてはいなかった。

日本軍は己を知らず、敵を侮り、無謀な作戦を実行に移した。祖国から遠く離れた辺境の地、ノモンハンで、無数の日本兵が命を落とした。その遺骨は、いまも風雨にさらされたまま残されている。

第四章　責任なき戦い

二つにひとつ

ソ連軍の大攻勢によって、関東軍は手痛い敗北を喫したが、辻政信少佐ら若手参謀たちは敗北を認めることなく、次なる手を打とうと考えていた。

壊滅状態の第二十三師団に代わって、満州の各地から精鋭の第二師団、第四師団など、ソ連軍にも匹敵する6万人近い兵員を動員し、再び攻勢に出ようと計画したのである。ただ、地形上の不利、戦車や大砲など火力兵器の格差はすぐに埋めることができない。そのため、辻は最も効果のあった歩兵による正面突破、特に夜襲によって事態を打開しようと企図していた。

これらの各兵団は九月九日頃までに、全力を戦場に集結した。第六軍は戦力を三倍に拡大せられたのである。(中略)

戦法も改めねばならぬ。戦車と重砲と飛行機において、我に数倍する敵に対し、従来のような原則的戦法では到底勝つ見込みはない。

歴戦の体験から編み出された戦法は、第一日の夕方から攻撃を開始し、まず敵の警戒陣地を奪い、第二日の朝までに陣地を作り、第二日昼間はそれに拠って敵火の損害を避け、夜襲を準備する。第二日は夜襲して、第三日朝までに陣地を完成する。このように、昼間は壕を深くして敵砲弾による損害を減少し、砲兵を並べて敵戦車の反撃を我が陣地前に撃破する。（中略）この新しい戦法で、装備の劣った点を補おうとしたのである。名案ではなく、これ以外に勝味はなかった。旧式装備の軍で、戦車と飛行機と重砲の優勢な敵に対して、採るべきはただ夜間の攻撃だけである。（『ノモンハン秘史』）

第二十三師団の弔い合戦だと意気込んでいた関東軍の各部隊は、すでに戦闘準備を始めていた。しかし、突如としてそこへ参謀本部から戦闘中止の命令が届く。

8月のソ連大攻勢の報を受け、東京の参謀本部では不安を募らせていた。関東軍が大規模な動員計画を企図していると知った作戦課長の稲田正純大佐は、「大陸命」の起案を決断する。天皇の命令という形で、関東軍に戦闘停止を求めたのである。

稲田は戦後の回想で、その思いをつづっている。

私は関東軍の寺田参謀から親展書を受取った。「ソ連が攻勢に出て来たから、これを逆用し、四師団を集中して、一撃を与える。そのうち十月ともなり極寒で大きな作戦は出来なくなる。冬の間に十分準備し、来春は全軍動員、対ソ決戦を覚悟してくれ」といった意見がその内容であった。これはいけない。唯さえ超えてる限度、これ迄来てしまったのでは是非がない。（中略）ほっておけば、関東軍を台無しにするか、際限なく発展するか、二つに一つだろう。処断すべき最後の段階は正に来たのである。私は決心した。

（稲田正純「ソ連極東軍との対決」）

参謀本部は大陸命三四九号を起案し、「関東軍司令官はノモンハン方面に於ける攻勢作戦を中止すべし」とただちに関東軍に命令した。ハルハ河東岸の係争地からも撤退するよう、明確に指示が出されたのである。今回入手した音声記録には、大陸命は形だけのものではなく、昭和天皇の意向でもあったという証言があった。

参謀本部作戦課　荒尾興功少佐の回想

「私はその話（関東軍の攻勢）を聞きまして、それじゃ、いよいよ大作戦になるんじゃないかと。こりゃ一大事だと。このままやっとったら、とても支那事変を遂行するどころか、相当な兵力を関東軍に集中せにゃならんと。そこで稲田課長に電報を打って……。その日の晩に、ノモンハン事件の今後の処理に関して、日本では『上奏』と言いますがね、天皇陛下に申し上げたところが、陛下は『やめろ、そういう戦は』、そういうお言葉があったんです」

関東軍はそれでも、この大陸命に抵抗した。関東軍作戦参謀6名が連名で、戦場に残る数千の遺体を回収してから撤退を実行したい、もしそれが認められないなら職を辞すと電報を送り返した。参謀本部にいわば〝脅し〟をかけたのだ。

幾千ノ屍ト多数ノ兵器トヲ敵手ニ委シ之ヲ放置スルカ如キコトカ単ニ皇軍ノ光輝アル伝統ニ拭フヘカラサル汚点ヲ印スルノミナラス関東軍現実ノ統率ヲシテ収拾スヘカラサル情態ニ陥ラシムルニ至ルヘキ戦場ノ実相ヲ篤ト御考慮ノ上軍ノ企図ヲ認可セラルル如ク重ネテ配慮アリ度シ（中略）

以上ノ企図ヲモ認メラレサルニ於テハ関東軍主任幕僚トシテ其ノ職責ヲ全ウスルコト能ハサルニ依リ軍ノ全幕僚ハ其ノ職ヲ免セラレ度（中略）

矢野少将
寺田大佐
服部中佐
村澤中佐
辻少佐
島貫少佐

（「関東軍機密作戦日誌」）

関東軍は遺体の回収などを名目に「あくまで攻勢発動に固執」（秦郁彦『明と暗のノモンハン戦史』）していた。関東軍司令官の植田謙吉大将までが「大命は絶対にして攻勢企図は中止せざるを得ないが、戦場掃除による屍体、兵器の奪還まで中止せよとの大御心ではないはずだ」と抗弁するありさまだった。

しかし、今度ばかりは参謀本部も揺るがず、関東軍の要求を一蹴し「大命である」と通告する。4ヵ月に及ぶノモンハン事件の勝敗はここにおいてようやく決した。それでも関東軍参謀たちは不満を残したままだった。

関東軍作戦参謀　島貫武治少佐の回想

「いままでせっかく部隊を集めたのに、そうしていまから一撃を加えて、少なくとも前の線まで挽回しようと思っとった矢先に中止っていうことを言われまして、非常に残念でした。なんと腰砕けだろうという気がしたんですな。まったくこの戦は、作戦的からいっても、外交からいっても、まずい。特にこの戦闘の最後の打ち切りなんていうのは最もまずい、ヘマなことをやったということになるんですね」

敵も苦しいはず、もう一歩踏ん張れば勝機はある……。島貫のこの思いは、関東軍の作戦参謀に共通していた。もちろん、関東軍としての意地、プライドがこの根底にあるが、あながちそれだけとは言えない側面もあった。

島貫の弁明を続けよう。戦後に収録された音声記録でこう強弁している。

「戦闘を中止したいというのは、こちら以上にソ連のほうが、そういう感じをもっておったんですからね。(このとき)ドイツがポーランドに侵入してるんですよ。侵入しておって、何日になったならば、こちらのほうから、東のほうから入りますよという約束を(ソ連が)してるのに、日本との間のノモンハン事件が解決しないもんで、(ソ連は)早くこっち(ノモンハン)を解決したくてしょうがないんだよ。その矢先にこちら(日本)のほうから中止して外交交渉をやったんでね、向こうは渡りに船だ。すぐ、(妥結で)よろしいというふうになったんですね」

「四分六分」の停戦妥結

ノモンハンでソ連の攻勢が始まった8月20日の3日後、ソ連は敵対してきたナチスドイツとの間で、独ソ不可侵条約締結を発表、世界を驚かせた。それから9日後の9月1日には、ソ連と国境を接するポーランドにドイツが軍事侵攻し、ヨーロッパで第二次世界大戦が始まったのである。

ドイツから遅れること約2週間、ソ連の独裁者・スターリンも50万規模の大軍をポーランドに派遣した。ポーランドをソ連とドイツで分割占領するという密約をひそかに締結していたのである。

スターリンらソ連指導部は何を考え行動していたのか。

アジアの国際関係史が専門で、ノモンハン事件にも詳しいロシア科学アカデミー極東研究所のセルゲイ・ルジャーニン所長にモスクワでインタビューする機会を得た。

ソ連は西のドイツ、東の日本と二正面で事を構えることを最大のリスクと考えていた。ヨーロッパで始まった新たな戦争に対応するため、ソ連は極東での日本との戦争を一日でも早く終結させようとしていたとルジャーニン教授は分析する。

「(スターリンはノモンハン事件の終結を)おそらく急がせたでしょう。9月1日に事実上、第二次世界大戦が始まって、ポーランド侵攻では終わらず、大きな戦争の始まりだということがソ連には分かっていました。極東の問題を早く片付けなければなりませんでした。それがノモンハン事件の紛争です。ヨーロッパの動向は〝小規模な戦争〟を早く終わらせることに影響しました。間違いなくそうです」

スターリンが最優先に考えていたのは、ヨーロッパにおける自国の安全保障であり、国益の最大化であった。理想主義よりも、徹底したリアリズムによってのしあがったスターリンは、この欧州情勢にどのように対応するか、頭をめぐらせたに違いない。

ナチスドイツのポーランド侵攻にイギリスとフランスが反発し、より大きな戦争、つまり第二次世界大戦に発展することは明らかであった（両国はポーランドと相互援助条約を結んでいた）。好むと好まざるとにかかわらず、ソ連も早晩、この世界大戦に巻き込まれることになる。

スターリンという男は、猜疑心《さいぎしん》の塊でもあった。

あらかじめドイツとの間で秘密議定書（密約）を結び、ポーランドにおける互いの勢力圏を取り決めていたとはいえ、紙切れ一枚の約束事を信用できるはずもない。国際政治上の取り決めは取り決めとして、国益を確保するにはあくまで実力行使によるほかない。スターリンは、一日も早く大規模な軍隊をポーランドに派遣し、ドイツとの秘密議定書で取り決めたポーランド東部を確保する決意を固めていた。

そのためにも、国の東側で抱えているリスク、すなわちノモンハン事件にけりをつける必要があったのだ。

余談だが、ソ連軍は終戦時、日本軍の退潮に乗じて樺太や千島列島に侵攻し実効支配したが、これも同じ発想に基づくものと考えられる。スターリンは米ソ間で合意したヤルタ密約を腹の底ではいっさい信用しておらず、実力をもって領土を確保するまで安心しなかったのである。

しかし、日本は当時、こうしたソ連の〝遠謀〟に気づくことはなかった。それはソ連という国を熟知した陸軍のロシアンスクールのエリートたちも例外ではなかった。

ソ連軍が軍備を増強していると警鐘を鳴らしたソ連駐在武官の土居明夫は、このときモスクワに戻り、外交ルートでソ連側との停戦交渉を模索していた。当時の駐ソ連日本大使は太平洋戦争の時代に外務大臣を務めた東郷茂徳であった。ソ連側のカウンターパートは強面のモロトフ外務人民委員。ロシア語で「ハンマー」を意味する「モロト」という名の通り、ナチスドイツとも一歩も引かずにやり合うタフネゴシエーターとして知られていた。土居によると、東郷との面会に頑として応じなかったソ連側が、ある日、突如として態度を一変させたという。

ソ連駐在武官　土居明夫大佐の回想

「まあ一生懸命あれはしたんだ、交渉を。どうしてもね、モロトフという外務大臣であったが、会おうとしないんだよ、東郷大使に。逃げるばかりでね。そのうちにね、10日経った。9月の13日にモロトフが急に呼んだんだ、東郷大使を、モロトフが。それが夜中だったの。あいつら重要な交渉する時は夜中だから、いつも。それで東郷大使が行く時に、陸海軍武官を呼んで、これはノモンハンの問題かもしれんから、あんたら官邸へ来て待っておってくれ。で、我々は大使の官邸で、大使館で待っとるんだ。朝まで帰らないんだよ。

それでね、もう夜が明けてから帰って来た」

ロシア側の軟化を知った東郷は、その日のうちにソ連側との交渉をまとめてきた。土居も含め、豹変したソ連に不審を感じる大使館員はいなかったようだ。

「東郷いわく、やっと妥結をしたと。まあ半々と言いたいけれどもまあ四分六で、こっちが四分で向こうが六分優秀で妥結したと。しかしまあ妥結したんだからね。全般的に（関東軍は）冬季作戦ができていないし、戦車・飛行機、そういうもの、大砲の数が非常に少ないんだよ。だからこれでくつろいだと。やっと安心だと。それでまあシャンパンでも抜いて、それでその日は大いにお祝いをしたんだよ。それが14日」（同前）

しかし、それから数日後、土居らはソ連の新たな動向に驚愕することになったと土居は回想する。ポーランドにソ連が侵攻を開始したというニュースが飛び込んできたのである。

「そうして15日、16日と経って、17日の朝ね、ラジオでソ連の軍隊、我々１００万と称していたがね、軍がポーランドに侵入をしたと。ノモンハンを妥結して３日ぐらいだった。それまでおくびにも出さないんだからね。そういう秘密動員、動員を秘密にし、それから輸送を秘密にし、展開を秘密にするんだ、軍隊の展開を。それだからロシア人も知らない。これでまた二度目に『あっ！』と言うたの。これはもう本当にね、僕は切腹問題だと思ったぐらい。僕はね、地団駄踏んだんだ。もう1週間延ばしとったらね、外蒙（モンゴル）からソ連は兵力を退きますぐらい（の要求をソ連側に）押し付けることができた」（同前）

ソ連は日本との停戦交渉をすみやかにまとめ、東における脅威を当面取り除くことに成功すると、西のヨーロッパへと重心を一気に移していった。国際政治のリアリズム、ソ連のしたたかさに、土居らは完全に出し抜かれた。

惨憺たる、膨大な山のような死体

参謀本部の幹部も、ソ連側の〝空気〟の変化にまったく気づいていなかった。

外交ルートでの停戦交渉が妥結した後、現地ノモンハンでも両軍が顔を合わせ、実際の停戦の取り決めについて話し合いが行われていた。参謀本部作戦課長の稲田正純大佐も自ら現地に赴き、ソ連側との交渉の場に居合わせていた。ソ連側は礼儀正しく、会談は終始なごやかなムードで行われたという。稲田はこの時ソ連側から歓待を受けたと回想する。

参謀本部作戦課長　稲田正純大佐の回想

「ウォッカを持ってきてるんですよ。葡萄酒も持ってきてましたよ。テーブルいっぱいに、ロシアの得意なね、腸詰めね。腸詰めやハムの料理。あれはオードブルで、前菜で、うんと食わせるんですよ。ロシア料理には、前菜だけ食ったら、それでしまうぐらい出すんですよ。何十と出るんです。それで、ウォッカをついじゃ、すぐ乾杯だね。どうにもかなわんから、『俺は飲まん』って言ったら、『それは、俺がつぐから飲まんのじゃろ』と。『ちょっと待って』っつって、女の兵隊を連れてきたんですよ。『さあ、いいお酌連れてきたから、これがつぐなら、飲まんことはないだろう』って言うんですよ。それで飲まされたんですよ。いいウォッカですから、うまいんですよ。うまいけど、飲んだら大変ですからね。少しつがして飲んだんですがね。とても仲良くね。ロシアは、いっぺん打ち解けたら、とてもいい人種ですよ。ロシア人っちゅうのは。飲みはじめたら、飲み友達なんです」

日ソの停戦交渉（「ノモンハン事件写真集」より）

軍の幹部がソ連の歓待を受ける一方で、幕舎の外では兵士たちが、40度を超える猛烈な暑さの中、戦場に放棄された遺体回収の作業に追われていた。ロシアで入手したソ連側の記録映像に、土中に埋まった遺体を掘り起こす日本兵の様子が映っている。動員された兵員はおよそ１０００名、強烈な臭気のなか、全員がマスクで顔を覆っている。すでにそのエリアはソ連側が実効支配しており、その監視・許可のもとで、遺体の回収が行われていた。黙々と回収作業にあたる日本兵の姿を、ソ連の従軍作家コンスタンチン・シーモノフが描写している。

最初のうち、日本の兵士たちは、地図の上に書き込まれた×印の通りに、墓を掘りかえす前に、「気をつけ！」の姿勢で整列し、戦闘帽をとってそれが地面につくまでに下げておじぎをしてからまたかぶり、そうして掘り出す際には、死者の遺体を傷つけないように注意深く作業にとりかかった。第一日目はそうだった。

ところが三日目、四日目になると、様子が変ってきた。屍体はおびただしい量だったので、臭気はおそろしいほどまでに漂い、太陽は無慈悲に照りつけたので、兵士たちは口と鼻を、樹脂をしみ込ませた黒い包帯「マスク」でおおってみたけれどもどうしようもなかった。（中略）

シャベルだけじゃ間にあわなくて、いまや鉄の鉤《かぎ》が使われはじめ、それが屍体を引っかけるのであった。シャベルを使って、もうせいいっぱい力まかせに掘るので、土も屍体も切り刻んでしまう。まるで薪のように鉤で引っかけて持ち揚げてから、半ば腐って、ぼろ切れのようになった人間のからだがトラックの中に投げ込まれていたのである。

この光景は、じつに、たとえようもなく、ぞっとするものであった。だんだん面倒になって慣れてくると、もう、死んだ戦友の遺骸に対する、はじめの敬意に満ちた態度はますます失われていった。いまやこれは、単に墓掘り人の、果てしない仕事でしかなく、そのことは、日本軍兵士の、あの申し分のない規律にもかかわらず、兵士たちの上にかくしようもなく現われていた。

（シーモノフ「ハルハ河の回想」）

作業は１週間続き、遺体は回収されただけでも４３８６体に上った。祖国の地を踏むことなく、亡骸はノモンハンの草原で荼毘《だび》に付された。

関東軍戦場情報班　入村松一少佐の回想

「もうそれは惨憺たるものですよ。もう話ができないような惨憺たる、膨大な山のような死体。その死体を持って来て、ノモンハンの原っぱで石油をかけて燃やしたんですよ。１週間ぐらいはノモンハンの空は暗くなったですけどね。昼間が暗くなった」

陸軍の粛軍人事

停戦交渉が進められる一方で、陸軍では〝敗戦処理〟が密かに進められた。重責を担ったのは新たに参謀本部参謀次長に就任した沢田茂中将であった。沢田はこの敗戦を「国軍未曾有の不祥事」と位置づけ、粛軍人事を行う。沢田は「満『ソ』国境紛争処理要綱」を決定し事件を拡大させた関東軍はもちろん、明確な指示命令を出さず、これを看過した参謀本部幹部の責任も問うた。沢田は自ら幹部への聴取を行い、喧嘩両成敗で、次のような左遷人事を断行した。

関東軍
司令官　植田謙吉大将　予備役編入
参謀長　磯谷廉介中将　予備役編入
第二十三師団長　小松原道太郎中将　予備役編入
作戦課長　寺田雅雄大佐　千葉戦車学校付
作戦主任　服部卓四郎中佐　歩兵学校教官
作戦参謀　辻政信少佐　第十一軍司令部付

参謀本部
参謀次長　中島鉄蔵中将　　　　予備役編入
第一部長（作戦）　橋本群中将　予備役編入
作戦課長　稲田正純大佐　　　習志野学校付

関東軍は、植田司令官らが予備役に編入され、事実上の退役を迫られただけでなく、辻ら作戦参謀も総入れ替え。参謀本部の稲田正純もその責任を問われ、参謀本部の中枢から千葉習志野の砲兵学校へと左遷された。しかし、追って詳述するが、服部、辻らは、1年ほどの期間をあけ、参謀本部へ復帰するなど再び軍のエリートコースへと進んでいく。

その一方で、最も重い形で敗戦の責任を問われたのは、戦場で部隊の指揮にあたっていた部隊長たちだった。

1個師団が壊滅するという大敗北の責任はどこにあるのか、第二十三師団の司令部は、〝犯人捜し〟のような異様な空気に包まれていた。その矛先を向けられたのが、フイ高地を守備していた捜索隊部隊長の井置栄一中佐である。井置はわずか800名の部隊で、火力に勝るソ連軍5000人に頑強に抵抗したものの、食料も弾薬も底をつき、やむなく撤退を決断した。無線の機器も破壊され、連絡手段もない中でのこの決断が、「無断撤退」にあたるとされたのだ。「関東軍機密作戦日誌」には辻の報告を引用する形でこう記されている。

「フイ」高地は八百の兵力中三百の死傷を生ぜしのみにして陣地を撤し而も捜索隊長井置中佐の師団長宛の報告には其の守地を棄てたるに対して謝罪の字句無き

辻が報告したとされるものだが、その数字は正確ではない。井置部隊の撤退の際には隊員は800名から300名以下にまで減少しており、弾薬も食料も尽きる中で、部隊として戦闘の継続は事実上、困難な状況だった。

しかし、直属の上司でもある第二十三師団の師団長・小松原道太郎中将は、井置の責任を厳しく追及する。几帳面な性格の小松原はノモンハン事件の間、一日も欠かすことなく細かい字でびっしりと日記を書きつづけていた。9月6日の日記には、井置中佐から受けた報告と、小松原の「所感」が書かれている。対戦車砲は破壊され、弾薬もつきたと窮状を訴えた井置だが、小松原の心は動かなかった。

指揮官ノ意志鞏固ナラサル為メ部下脱出ノ下相談ヲナシ脱出ノ空気醸成ス

井置の意思が弱かったために、部隊撤退の空気を招いたと非難したのだ。小松原は、井置部隊がフイ高地防衛陣地の東側の側面を強化していれば、より長く持久戦を展開できたと考えており、井置の弁明に納得していなかった。

9月13日には、〝敵前で理由もなく陣地を離れた者は死刑〟とする陸軍刑法第四十三条を日記に書き写している。おそらくこの頃には小松原は井置の処置を決

井置栄一

めていたのだろう。続けて、井置を名指しでこう批判している。

火砲、重火器破壊セラレ弾薬欠乏守地ヲ守ルニ戦力ナキヲ理由トスルナランモ之ヲ理由トナスニ足ラス　要スルニ将校カ陸刑ヲ知ラス或ハ軽視シ守地ヲ離ルヽコトヲ軽ク考ヘアルニ源因ス

火力兵器の損失や、弾薬の欠乏は陣地撤退の理由にはならないと、小松原は井置の訴えを一蹴した。

悲劇の銃声

実は小松原自身もまたこの頃、苦悩を深めていた。クックス『ノモンハン』によると、停戦後、司令部には小松原宛に嫌がらせの手紙が届くようになったという。小松原は、精神的に不安定な状態になり、自分が預かる1個師団を崩壊させたという後悔のためか、「目を真っ赤にし、ボロボロと涙を流していた」（歩兵第二十六連隊長・須見新一郎大佐）様子が目撃されている。

動揺した小松原が井置に下した処断はきわめて残酷なものだった。小松原は司令部で幕僚会議を招集する。その場に同席したある参謀がその時の様子を記録に残している。

会議の劈頭《へきとう》まず師団長が発言した。

「フイ高地を無断撤退した罪により、井置中佐を処断しなければならぬが、まず諸君の意見を聞こう」

師団長の腹はすでに決まっていた。誰か同調者はいないかを期待していたようである。しかし誰も発言する者はいなかったので、また師団長が発言した。

「俺の師団が壊滅的打撃を受けたのは、井置中佐が過早にフイ高地を捨てたためである」

師団長のこの言葉は一字一句を間違いなく私の脳裏に焼きつけられている。（中略）

師団長はまた続いてこう言った。

「井置中佐には自決を勧告するのが至当であると思うが、諸君はどう思うか」

私が恐れていたことがついにやって来た。末席にいた私が、

「自決ということは、万死に一生を期し得ない戦乱の渦中から生還して来た部隊長に対し、あまりに気の毒である。何とか憐憫《れんびん》の情を」

というと、木村参謀長が続いて言った。

「私もそう思う。何とか一命を助けてやることが武士の情ではないか」

すると師団長はまた、「俺の師団が潰滅したのは」と、前言を繰り返した。

（扇広『私評　ノモンハン』）

参謀の反対にもかかわらず、井置の処置は決まった。小松原は腹心の参謀を通じて井置

に自決を迫る。今回入手した音声記録には、井置中佐に自決を促した当事者の肉声も残されていた。第二十三師団参謀の鈴木善康少佐はためらいながら、井置の自決の真相を告白していた。

第二十三師団参謀　鈴木善康少佐の回想

「私もこれだけは言いたくないんですよ、実際ね。遺族に対して申し訳がないしね。結局（小松原は）これに対して処置しにゃいかんというお考えを言っておられたですよ。そこで私が割って中へ入るってことですがね。結局私が1週間ぐらい井置さんを、これは師団司令部にいさして、師団司令部のある任務を与えて。結局、これは言っていいか分からんが、私は、いいですかね。そこでいったいその、井置さん、戦場を離脱、任地を離れるとどういうことになりましょうと。で、軍刑法はどんなことですかといったことやら色々私、1週間往復したわけですよ。ということは、（無断撤退は罪だということを）自覚してもらいたかったわけなんですね。果たしてそれがいいか悪いか分からんが。毎日毎日1時間ぐらいずつ私が言ったんですよ」

　そして9月17日の未明、鈴木は司令部に響いた銃声を耳にし、急いで現場を訪れた。井置は日本本土のある東を向き、拳銃で自決を果たしていたという。鈴木は井置の部下たちを前に、井置の死の真相を語らぬよう釘を刺した。

「午前の4時頃に歩哨が飛んで来たんですね。どうも音がしたと思ったんですよ。井置部隊長がやられてましたんですよ。井置部隊の下士官兵にこう言ったんですが、とにかく実情を話さんようにね。内地帰って来ても何とか工夫して、どう遺族のとこに反映したか(伝わったか)は私は分かりませんがね、いま」(同前)

家族思いの井置は、戦場から家族に遺書を書き送り、「死んだら靖国で会おう」と書き残していた。しかし、自決した井置は靖国神社に祀られることなく、その願いがかなったのはようやく日本の敗戦後のことであった。

軍法会議にもかけられないまま、〝密室〟で死を強制された井置中佐。ノモンハン研究の第一人者・秦郁彦によると、自決強要、免官、停職など、井置のような中下級指揮官に対する処分は、軍幹部の処分と比べ格段に重かった。ほとんどが、8月のソ連の大攻勢にぎりぎりまで抗戦し、九死に一生、陣地を脱してきた指揮官たちである。

「自決勧告」

厳しい処罰を科されたのは、井置ら現場の指揮官たちだけではない。戦闘中に負傷しソ連軍に拘束された日本人捕虜にも、過酷な運命が待ち構えていた。秦郁彦によると、停戦後、日本側に返された捕虜の数はおよそ200名。しかし、捕虜となった将校は暗に自決を迫られ、下士官兵らは軍法会議で有罪判決を受けた後、狭い独房に数日間拘留される「重営倉」などの処分を受けた。井置と同様に、その処分は極秘裏に進められた。

秦によると、捕虜をタブー視する観念が軍内部で広がっていったのは、昭和に入ってからだ。日露戦争（明治37～38年）の頃は、新聞は捕虜名簿を発表し、帰還した捕虜を婦人会が湯茶で慰労する光景も見られたという。転機となったのは、１９３２年、第一次上海事変での空閑《くが》昇少佐の事件とされる。戦闘中に重傷を負って中国側の捕虜になった空閑少佐は、本国送還後に自決した。このことがメディアで美談として取り上げられると、捕虜は恥ずべきものという観念が根付きはじめたという。

ノモンハン事件の時代になると、捕虜を恥とする感覚は一兵卒にまで広がっていた。ノモンハン事件の生存者・柳楽林市さんも、インタビューで捕虜になることへの嫌悪を口にした。

「捕虜になったら恥ずかしいと、村へ帰られないと、そういう気持ちは全員が持っておりました。目の当たりに、敵の捕虜を日本人が、犬や何かを引っ張るような感じで捕虜を扱っておりますから、惨めなもんだということは、みんなが身をもって知っております」

同じくノモンハンで戦った長野近松（１０１歳）さんは、自決用にあらかじめ上官から手榴弾を渡されていたと語る。

「捕虜になったら自殺して、そのために手榴弾をポケットに取っといてね。それだけに厳しいんだよ。最初から、最初から日本軍は絶対捕虜になってはいかん自殺しろって。それで手榴弾をみんな持ってる。もう自殺者は多いですよ」

陸軍刑法には捕虜を処罰するための法的な裏付けはない。それでも、ノモンハン事件で大量の捕虜が出たことを受け、陸軍省は「陸満密第八五四号」を示達、捕虜を一律に捜査し、「有罪と認めたるものは総て之を起訴すべき」という厳しい方針を打ち出した。下士官兵に対しては陸軍刑法第七十五条・敵前逃亡罪を適用する。一方、将校に関しては但し書きにて「別に措置」するとされ、秦によると、これは「自決勧告」の可能性が高いという。

捕虜の運命については、その多くは知られていないが、今回入手した音声記録では、ある将校が自決へ至る経緯が語られていた。

音声記録の語り手は、第二飛行集団参謀の原田潔中佐である。航空部隊を後方で指揮していた原田は、飛行第一戦隊の戦隊長・原田文男少佐が、捕虜交換で帰還した後、ある参謀から自決を迫られたと、言葉少なに語っていた。

第二飛行集団参謀　原田潔中佐の回想

「実情を言うと、捕虜交換で帰ってきた。ハイラルから。その車には誰も乗せない。原田

原田文男（手前）

文男だけ。そこへ関東軍の参謀、ある人が、誰か言わないけど。拳銃を前へ。それだけ。しばらくしたら、拳銃でダーン。（捕虜を）交換して、汽車、向こうでハイラルから乗って、チチハルのほうへ内地へ帰ってくる途中に。たった一台の車、中にひとりだけ乗せて。それで、幕僚が拳銃を。黙って。それで戦死になってる」

その参謀は原田文男に、すでに「戦死扱いになった」とも告げ、自決を促していた。

「部隊長が、捕虜になったのは、部下の示しがつかん、いうので、ひとつはもうすでに、戦死として靖国神社に祀ってある、陛下のお耳にも入っている、というような理由をくっ付けて。それで黙って拳銃を置いて。（自決を迫った人は）それはもう、その人本人から話を聞いた。三好参謀です。関東軍の。その人（三好参謀）から『俺は黙って置いてきた』と。車掌も知ってますから。誰も乗せないで。そのうちにバーンって拳銃の音がして。だから車掌も知っているはず。それですぐ遺骸を、もう」（同前）

原田に名指しをされた関東軍航空参謀の三好康之中佐（この後航空兵団に異動）もまた、音声記録でこの件に答えていた。捕虜となった将校の前に拳銃を置きひとりにしたということが本当にあるのか。質問に対し、三好は3秒ほど間を置いて答えている。

関東軍航空主任参謀　三好康之中佐の回想

「私の関する限りじゃ知らんね。私の関する限りじゃ知らない」

しかし三好はその晩年、自らの発言を翻している。「知らない」と一度は否定しながら、「将軍は語る」と題されたある雑誌のインタビューで、原田自決の舞台裏をこう語っていた。

（筆者注・当時三好が所属していた航空兵団の）参謀長は私に命令されて「2つの案を提示するから、お前は行って、H（筆者注・原田）にそのどっちかを取らせてくれ」と言われる。1つはなにかというと、「もし、彼が希望するなら開拓団の幹部に入れようと思う。そのときは名前を変えて一生涯家族とは連絡はせんという誓いのもとに入れようと思う」と。それで「そのための金からなにから軍でちゃんと面倒をみる。要るものがあればなんでも出してやる」という案が1つ。

第2は、ノモンハン事件では、行方不明になるとすぐ戦死にして進級させるんだよ。それでHはもう靖国神社に祭られとって、功3級だったかもらっておるんだよ。そういうこともあるので、籍を戻すことも難しいし、どうしたらええもんだろうかと思っとるんだが、なるべくなら開拓民のなかへ名前を変えて入るよう説得してもらいたいというんだ。

（雑誌『偕行』）


参謀長の意を受けて原田のもとを訪れた三好は、原田からこう言われたという。


行って、私がHにそういったら、「私は開拓団には入りません。それからまた、今私がお約束して家族にも一生会わない、名前を変えると申しましても、どういうことで漏れるかもわからんから」「ではどうする気か」と聞いたら、「あなたのピストルを貸してくれ」という。やっぱりHという人は偉かったと私は今も感心しているんだが、その時そう言われた。（中略）残念ながら説得できず、（筆者注・原田ともう一名の）2人とも自決してしまった。遺体をその夜焼いて、遺骨にして持って帰り航空軍に報告したわけだ。

（同前）

原田の遺族は、「戦死した」と伝えられ、戦後もその説明を信じてきた。

しかし、1991年にソ連が崩壊すると、遺族は軍の説明が偽りだったと気づかされる。

ソ連に残されていたノモンハン事件の資料が閲覧可能になると、原田がソ連軍の捕虜となり、その後、日本側へ送還された事実が浮かび上がってきたのである。

遺族はマスコミの報道などではじめてその事実を突き付けられた。

80年の歳月が流れたいま、原田の遺族はもはや軍への恨みは持っていない。ただ、原田が自らの意思で自決したのか、それとも、軍の幹部に自決を強要されたのか、軍が隠蔽した父の死について複雑な感情を持ちつづけている。

捕虜となった者たちの戦後

捕虜となった下士官兵たちにも、送還後、厳しい処罰が待ち構えていた。

飛行第二十四戦隊の宮島四孝《しこう》曹長。九七式戦闘機の操縦士で、飛行歴5年のベテランだが、戦闘中に機体のエンジンが故障し、敵領内に不時着した。食料も水もない中で4日間草原をさまよい歩いた宮島は、5日目、意識を失い倒れているところを敵軍に見つかり捕

宮島四孝（中央の人物）

虜となった。

ソ連軍に10ヵ月拘束された宮島は、停戦後、捕虜交換で日本側に引き渡される。関東軍で簡単な尋問を受けた後、宮島は軍法会議にかけられ、2年10ヵ月の禁固刑、一等兵に降格という判決を受けた。

国のために命をかけて戦った自分がなぜ犯罪者扱いされるのか、その時の心境を宮島は日記に書き記している。

翌朝朝食が終ると衛兵が捕縄を持つて来てかん《ママ》じがらめに捕った

同じ兵隊でありながら態度がからつと変って強盗でも捕る態度だ

涙が止度なく頬を伝った（中略）

幸ひにマントを着て居るので捕縄は人目に止らなかったが自分自身人目を避ける様に態度もおぢおぢして居る（中略）

被告の身となるや看守の兵隊もがらっと態度が変り人間扱ひにしない

人生の転落とは全く無情なものだ

（宮島四孝「ノモンハン日記」）

しかし、本当の試練は宮島が刑期を終えた後に待ち構えていた。太平洋戦争開戦後の昭和19年に本土に帰還し、その後郷里の長野へ戻った宮島を待っていたのは村人からの冷たい視線だった。

捕虜になったことで「一族の恥さらし」と糾弾され、親族から事実上絶縁されたという。宮島の長女・伸子さんによると、住む場所さえ与えられず、一家は山羊小屋のようなみじめな家屋での生活を強いられた。

「もう戦死したことになっているのにおめおめと帰ってきたというところで、まず父親は、敷地内にも足を入れられなくって、そのまま山に籠もった。（父は）悔しかったんじゃないかな。それって……結局……おめおめと捕虜になってしまったっていうことを悔やんでたんじゃないかしらね。死ぬに死ねなかったし」

航空部隊に所属した宮島は、長野県の小さな村の中では英雄のような存在で、村を挙げての葬儀（村葬）も行われるほどだったが、帰国後周囲の反応は一変した。希望を失った宮島は定職にもつかず、生活は次第に行き詰まっていく。極貧の生活を続ける中で、嫌がらせは家族にも向けられた。

「母が自分の着物を食料に換えてくるんだけど、そんな何十枚何百枚あるわけじゃないから、だんだんそれも底をついてしまって。だからと言って食べるものをくれるわけじゃないから。おにぎりを食べてて、『欲しいか』って言われて『うん』って言ったらば、『じゃあ取って食べろ』って言って川の中にポンって投げられて『拾え』って」

家族の苦しみをよそに、宮島は酒におぼれていく。家庭内で子供に暴力をふるい、伸子さんは父親と距離を置くようになる。宮島は軍人としての過去を子供たちにいっさい語らなかったという。

伸子さんが宮島の苦悩に思いをはせるようになったのは、戦後宮島の日記を目にした時だった。宮島は掘りごたつの下に隠すようにして、大切にノモンハンの日記を保管していた。伸子さんはその時はじめて父親がノモンハンで戦い、捕虜となって戻ってきた事実を知った。

「子供の時にこの父親、私は嫌いだと思っていたけれども、日記を読んで理解できたことがたくさんあって。まず捕虜になってしまったことというのもひとつだし、あと部下が何人か殺された。あと……そういうことが心から抜けなかったと言うのかな。それでそういう人生、後々ね、そういう人生を送っていたんだなというふうに感じますよね。あの日記がなかったらば、ただただ嫌いなお父さんで終わっちゃったかもしれないけど」

宮島は１９９２年、静かに息を引きとった。

ノモンハンで打ち出された捕虜に対する厳しい方針は、太平洋戦争にも引き継がれた。昭和17年に陸軍省が出した「捕虜帰還者の取扱方」には、ノモンハン事件で打ち出した方針を太平洋戦争でも引き継ぐ旨が記載された。昭和16年1月には「戦陣訓」が定められ、軍人だけでなく国民をも意識の面で縛っていく。「生きて虜囚の辱《はずかしめ》を受けず」として有名なこの訓令は、法的な拘束力はないにもかかわらず、新聞などメディアによって大きく報じられ、国民心理に強い影響を与えた。沖縄戦に象徴されるように、戦争末期になると、軍人にとどまらず多くの民間人、幼い子供たちが自決の道を選び、あるいは強要され、命を落とした。

第五章　失敗の本質

失敗の序曲

ノモンハン事件から2年後の1941年12月8日、日本軍はその総力をあげてハワイ・オアフ島にあるアメリカ太平洋艦隊とその基地を攻撃する。これを境に、日本はアメリカをはじめとする連合国を相手に4年にわたる太平洋戦争に突入した。

日本は戦争の序盤こそ奇襲作戦によって大国アメリカを翻弄したが、その後は一貫性を欠いた場当たり的な作戦計画で太平洋全域にずるずると戦線を拡大していった。物量でアメリカに劣り、かつ物資輸送など兵站の意識に乏しい日本軍は、兵器や弾薬の不足だけではなく、食料にさえ事欠き、餓死者が相次ぐなど、太平洋戦争の末期にはまともに戦争を遂行できる状態ではなくなっていた。行き詰まった軍の上層部は〝大和魂〟など精神主義に頼るほかなく、各地で歩兵による白兵戦を繰り返す。しかし、貧弱な装備で突撃を命じられた兵員は、米軍の火力の前に玉砕、多くの若者が命を落とした。

無謀な太平洋戦争の4年にわたる戦いで犠牲者は民間人も含め300万人を優に超えた。米軍の本土空襲で主要都市の多くが壊滅。苛烈をきわめた沖縄戦では9万4000人もの民間人が戦闘に巻き込まれ犠牲となった。そして、広島・長崎への原子爆弾投下という人類史に残る悲劇……。1945年8月15日、ついに昭和天皇がポツダム宣言の受諾を発表、日本は無条件降伏した。

日本はなぜ無謀な太平洋戦争に突き進んだのか。

国家の破綻を避けることができなかったのか。戦後、数多くの識者や専門家たちが投げてきたこの問いにひとつの示唆を与える出来事が「ノモンハン事件」である。

司馬遼太郎はノモンハン事件を「昭和を読み解く鍵」と考え、10年以上にわたって調査を続けた。1984年に公刊され、ロングセラーとなった『失敗の本質』（戸部良一他）も、ノモンハン事件を「失敗の序曲」ともいうべき戦いと位置づけている。情報の軽視、兵力の逐次投入、軍中央と現地部隊の方針のずれなど、そこには太平洋戦争で噴き出す日本軍部の欠陥が凝縮されていた。

ノモンハン事件を太平洋戦争へのポイント・オブ・ノーリターンだとするならば、日本軍はなぜそこで立ち止まり、進むべき道を再考できなかったのだろうか。秀才とされる陸軍のエリートたちはそのことに気づかなかったのだろうか。

「極秘」の調査報告書

ノモンハン事件が停戦を迎えた2ヵ月後の1939年11月、陸軍省の阿《あ》南《なみ》惟幾《これちか》次官からの正式の通達で、研究会が大本営に設置された。その名は「ノモンハン事件研究委員会」。陸軍大学校の教官など、およそ20名が招集され、速やかに事件を調査するよう命を受けていた。調査事項は多岐にわたる。

編制、装備、動員ニ関スル事項
制度及諸条規ニ関スル事項
教育訓練ニ関スル事項
戦略、戦術及幕僚勤務ニ関スル事項
資材及補給ニ関スル事項

研究員の服務要領には、「国軍兵備万般ニ亘ル反省改善ノ資ヲ提供シ以テ将来戦準備ニ遺憾ナカラシム」と明記されている。ノモンハンにおける陸軍の装備や課題をあぶりだし、将来における戦争の準備に役立つ資料を提供せよ、との指令だった。

この委員会のメンバーで陸軍大学校の教官であった小沼《こぬま》治夫中佐の報告書と手記が遺族のもとに残されていた。この資料を手掛かりに、報告書がどのように作成されていったのか見ていきたい。

小沼は軍人としては異色の経歴を歩んできた。陸軍大学校を卒業後、参謀本部の戦史課に勤務するなど、調査研究を中心にキャリアを形成してきた。戦史研究においては、日本人の精神性の優位を強調する、それまでの日露戦争史を批判的に検討するなど、当時としては独自の研究を行っている。〝大和魂〟ともてはやされた日本軍の精神主義を批判することは、当時はある種のタブーだったが、小沼は実証的な歴史研究によって、早くからその限界を指摘していた。また教官を務めた陸軍大学校では「大和魂に関する過信偏見を是正せよ」と教えていたというエピソードもある。

その小沼がなぜ委員に任命されたのか分からないが、小沼はノモンハンの現地調査も行い、研究委員会に興味深い報告書を提出していた。小沼の息子で物理学者の小沼通二《みちじ》さんが、残された報告書の原本を見せてくれた。『対「ソ」近代戦ノ実相』と題された26ページの報告書には、赤字で大きく「極秘」と印が押されている。

報告書の「緒言」で小沼は、ノモンハンの戦いを日本の「精神威力」とソ連の「物質威力」との衝突だと規定している。そして、「火力戦ノ地位」と題された項目でノモンハンの戦闘をこう評価している。

射撃及突撃目標ハ戦場ヨリ姿ヲ潜メ唯見エサル火力組織カ頑トシテ我カ前進ヲ阻止セルモノニシテ此ノ火力ニ対シ現実ニ真面目ニ対応処置ヲ講スルコトナク暴露シ又ハ暴進シ或ハ不十分ナル築城ニ拠ルトキハ肉薄戦ノ機ヲ迎フルニ先チ火力戦ノミニ因リ既ニ殲滅

的打撃ヲ受クルノ現象ヲ呈セリ

第一次世界大戦以降、大砲や戦車など火力兵器は急速に改良が進み、射程も格段に伸びていた。ノモンハンでは日本軍が得意とする歩兵の接近戦に持ち込む前に、遠距離から砲弾が撃ち込まれ、無防備に突撃を繰り返した日本側は多くの犠牲者を生み出した。小沼はその様子を冷静に指摘していた。

ソ連軍の特徴については、こう分析している。

「ソ」軍ハ唯物史観ニ立脚シ物質量ヲ以テ敵ヲ圧倒セントスルノ主義ナルヲ以テ会戦兵力比ハ彼我相当ニ懸隔ヲ生シ易ク特ニ彼カ攻勢ニ出スル時ハ甚タシク劣勢（数上）ヲ以テ之ニ対セサルヘカラサル

物量を重視するソ連軍の思想と戦略も小沼は的確に理解していた。

その上で小沼は、日本は歩兵の肉薄戦において敵に勝ってはいるものの、「火力戦闘能力ノ向上ハ刻下ノ急務」と訴えている。報告書の最後をこう結んでいる。

彼（ソ連）ヲ過高ニ判断スルハ不可ニシテ彼ヲ軽視シ楽観スルコトモ亦禁物ナリ目下対支戦ノ覇者ハ軍事ノ全般ニ亘テ内省スルノ時期ニ逢看《（ママ）》シアリ刻々ニ進化スル戦争乃至戦場現象ノ認識ヲ誤タス将来戦準備ニ邁進セラレンコトヲ希ツテ止マス

日中戦争においては装備の劣る中国軍に連勝する日本だが、それに慢心することなく、刻々と変わる戦争の現実を正確に認識し将来の戦いに備えてほしい、小沼は祈るようにそう訴えている。しかし、小沼の願いは2ヵ月後に出来上がった報告書に曖昧な形でしか反映されなかった。

小沼の手記によると、どの段階か定かではないが、委員会であることが議論になったという。ノモンハン事件の真相は、「近代戦」の本質を浮き彫りにしたものなのか、それともソ連があのエリアに特別に兵力・火力を集中させたから起きた「特種戦」なのか。「近代戦」ととらえれば将来の戦いに備えるため軍の抜本的な近代化が不可欠となる。一方、「特種戦」ととらえれば教訓の普遍性は失われ、近代化の必要性は後退する。小沼の思いとは離れ、最終報告書では「特種戦」のほうに重点が置かれた記述となった。

ソ連側については次のように分析している。

広漠地ニ於ケル運動戦ニシテ「ソ」軍ノ最モ誇トスル機甲戦力ヲ十二分ニ発揮セシメ得タル点ニ存シ爾他山地ニ於ケル築城地帯ノ攻防或ハ大河ノ作戦等トハ其ノ趣ヲ異ニスル

ノモンハンの荒漠とした平原という「特種」な条件だからこそ、ソ連軍の機甲部隊が生かせたのであって、山岳地帯や大河の周辺ではこうはならないと強調されていた。

日本側の事情については、こう論じている。

支那事変ノ大局ヨリスル戦略持久戦ナリシ為特ニ兵力ノ逐次使用、装備ノ不適応、補給ノ不十分等ヲ忍バザルベカラザルニ至リシ事情モ亦重要ナル特殊性トシテ著目《ちゃくもく》スルノ要アリ

ノモンハンは日中戦争の解決を最優先にかかげる、特殊な状況の中での戦闘行動であるため、装備や補給が不十分であった事情も考慮すべきとの論理へとすり変わっていた。

さらには、物量差のある不利な戦いの中でも「国軍伝統ノ精神威力ヲ益々拡充スル」とするなど、火力装備の拡充を訴える一方で、精神主義の重要性も説く、どっちつかずの報告書となった。

玉虫色の報告書となった背景が垣間見える記述もある。

我ガ物質戦力ノ増強ニ限度アルトキ独リ教育機関ノミナラズ軍令軍政機関ノ完全ナル協力ノ下ニ国軍精強ノ増進ニ邁進スルハ現下一般ノ情勢ニ鑑ミ最モ喫緊トスル所ナリ

物理的に軍備増強に限度がある中では、各機関をあげて兵員の精神力を養うしかないと報告していた。クックスの研究では、これについて陸軍省軍務局の課長・岩畔豪雄大佐も省内の会議でこう語ったという。

日本軍の装備をソ連軍に似通ったものにしようと思えばできないことはないが、その能力がソ連側の約八〇パーセントを超すのは期待できない。したがって、たいへん困難をともなうことだが、敢闘精神に頼る以外には方途がない。（クックス『ノモンハン』）

クックスによると、1939年、ソ連軍は各種装甲車両の生産台数は年間3000両、保有総数は1万7000両だが、日本は1940年の時点で戦車の生産総数は573両に止まっていた。ソ連をはじめとする列強と日本では国力の差があまりにも大きく、軍の近代化に成功したとしても追いつくことは容易ではなかった。

現実的には改革に限界がある中で、小沼らの意見はやがて消極的だと批判を受けるようになる。粘り強くノモンハン事件の重要性を主張する小沼に対し、会議に出席していた参謀次長の沢田茂中将は「帝国陸軍を冒瀆するのもはなはだしい」と怒鳴りつけた（同前）。小沼自身も手記でこう回顧している。

僕等の班としては調査の結果前者（筆者注・近代戦）を確信し委員会の綜合結論もその線でまとめ、報告書のみならず中央部首脳に対する報告会でも之を強く主張したが当時は全般に「つよがりの時代」であるし「小沼の見方は弱く消極的だ」という批判もあり、中央部としては「ノモンハン事件は特種戦なり」との見方にたって「国軍は現装備に若干の火力装備を補強すれば可」という不徹底案におちついたのは誠に遺憾に堪えない。

（小沼治夫「霜を履んで堅氷至る」）

しかも、小沼の言う「不徹底」な研究報告書でさえも、陸軍関係者の目に留まることはほとんどなかった。研究委員会の委員長をつとめた小池竜二大佐の記録によると、報告書はわずかな部数しか刷られず、それもすぐに軍幹部の金庫の中にしまわれたという。小沼らの警告は、陸軍内部で文字通り封印され、2年後の太平洋戦争で、そのつけを支払わされることになる。

なお、小沼自身も太平洋戦争が始まると参謀として激戦地ガダルカナル島へ派遣された。制空権、制海権ともに米軍に奪われ、物資の輸送もままならない中で、戦場は餓死者が続出する惨状を呈していた。

一日二合に減った（筆者注・米の）定量が遂に一合となり、第一線優先主義をとったにも拘わらず山地方面で絶食7日に及んだ部隊もあり、医薬品も欠乏して殆んど全員マラリヤ、栄養失調、下痢患者なるに兵は壕に臥し、敵接近せば起きて射撃し敵去れば又臥すことを繰りかえしながら陣地を死守してくれました。

（小沼治夫　昭和55年度　仙幼校総会の特別講演）

武器も弾薬も乏しい中で、小沼は米軍の火力に次々と倒れていく兵士たちの姿を目の当たりにしていた。遺族によると、小沼は戦後、多くを語ることはなかったという。なぜノモンハンの教訓を生かせなかったのか――息子の通二さんは、最後まで自らの非力を悔やんでいたのではないかと小沼の気持ちを代弁する。

「うちの父はほとんど外に対して発言しなかった。家族に対してあまり言いませんでしたね、戦争中のことは。で、おそらくひとつには辛くて言えなかったんだと思う。その辛くて言えなかったひとつは、父親が亡くなった後、母親から聞いたことがあるんだけど、夜うなされて、寝らんなくって、で、『僕は畳の上では死ねない立場なんだ』ということをぼそっと言ったということまであるわけね。やっぱり、それこそ周囲の人達が、知ってる人たちもみんな死んでいくという、あるいは悲惨なケガをする、あるいはどうなるっていうのを見て、やるべきでない戦争をやったんだという思いは持ちつづけていたようですよ。ノモンハン事件の分析がもし通っていれば、認められていれば悲惨なことにならないで済んだのにという思いを持ちつづけていたんだと思います」

参謀・瀬島龍三の証言

日本陸軍はノモンハンの教訓を「特種戦」という論理にすり替え、軍の近代化に踏みきれなかった。ノモンハン事件直後に大本営参謀本部に配属された瀬島龍三が状況を書き残している。

戦後、伊藤忠商事の会長にまで上り詰め、政界にも強い影響力を持った瀬島は、当時、最年少の課員のひとりとして参謀本部作戦課に在籍していた。瀬島は、部内の空気を「重苦しい雰囲気」だったと回想する。

当時の作戦課は、ノモンハン事件の後処理、日中戦争の長期化、陸軍軍備計画の見直し、ヨーロッパで始まった第二次世界大戦への対応など、大きく4つの課題に取り組まなければならなかったという。そのうちのひとつ、軍備計画の見直しについて、瀬島はこう書き残している。


陸軍中央部が昭和十四年十二月に決定した「修正軍備充実計画」はノモンハン事件の教訓から、昭和十五年度から十九年度にかけて、航空兵力の整備、火力、機甲力などの装備資材の質的量的拡充を図ろうとするものであった。そのためには、多額の予算を必要とした。

しかし、当時の国家財政は新たな大予算を陸軍の軍備に投入し得る状況ではなく、陸軍全体の予算枠の中から、これを生み出さなければならなかった。（瀬島龍三『幾山河』）

実はこの「軍備充実計画」はノモンハン事件の始まる3年前から浮上していた。計画を主導したのは満州事変を引き起こした石原莞爾である。当時、参謀本部の作戦課長（のちに戦争指導課長）の要職にあった石原は、関東軍と極東ソ連軍との軍事力の差が大きく開いていることを知り、強い危機感を持っていた。そこで石原らは航空戦備の増強や、在満兵力の増員などを中心に軍の構造改革に乗り出していく。1936年11月には陸軍省が「軍備充実計画の大綱」を策定、内閣で予算承認され、7年間で14億円（現在の貨幣価値にして2兆円超）を投じる大規模な計画が成立した。さらに石原は、軍備増強には国力の拡充が欠かせないと考え、南満州鉄道（満鉄）の宮崎正義らをブレーンに「日満産業五ケ年計画」を策定する。満州の経済開発を中心に、国主導で工業生産力の飛躍的な拡大を目指そうとしたのである。

しかし、石原の構想は、翌年に始まった日中戦争によって修正を余儀なくされる。戦線不拡大を主張した石原は参謀本部で孤立し失脚、戦線は拡大の一途で、ノモンハン事件の頃には、すでに85万の軍隊が中国各地に展開し、膨れ上がった経費が陸軍の予算を圧迫していた。

こうした中、同じ陸軍内でも、中国戦線での出費を抑え軍備計画を進めようという陸軍省と、中国戦線での作戦を重視する参謀本部との対立も激しさを増す。さらには、瀬島によると、日中戦争の進め方について参謀本部内でも路線対立があり、容易には結論が出ない状況だったという。

（筆者注・予算を生み出すためには）作戦中の在支兵力を逐次削減する以外に方途はなかった。昭和十四年末の在支兵力は約八十五万であったが、これを十五年には六十万、十六年には四十万に減らす計画であった。この計画には、支那事変解決の方策が複雑に絡んできた。すなわち、「修正軍備充実計画」遂行のための在支兵力削減を図ると、対重慶作戦が不可能になり、重慶圧迫のための援蔣ルート遮断作戦にも影響を与えることは必至であった。（中略）支那方面担当者は支那事変解決に重きを置き、北方方面担当者は軍備充実計画に重きを置く傾向が強かったが、確たる方策を見出せないまま、苦悩と焦燥に満ちた重苦しい雰囲気が漂っていた。

（『幾山河』）

瀬島の上司であり、参謀本部参謀次長の要職にあった沢田茂中将によると、中国戦線からは、兵力を削減するどころか、逆に増派を求める要求さえ出ていた。いったん拡大した戦線を縮小することは容易ではなく、結局、縮小を主張する陸軍省との間で折衷案がとられることとなった。次のような点で陸軍省と合意に至ったという。

第一、約八五万の在支総兵力を昭和十五年度に七〇万ないし七五万に圧縮する。そのあと一〇万ないし一五万の圧縮方法は事務当局で協議研究する。

第二、当時満州にあり内地帰還の予定である第四師団と、さらに新鋭一個師団を支那派遣軍に増加する。
第三、兵力整理は専ら後方部隊を主とし、非戦闘員である傭人をもって代えることのできるものは、ことごとく傭人とし、できるだけ戦闘兵の削減をはかる。

（沢田茂『参謀次長　沢田茂回想録』）

この時点で、瀬島のいう85万の兵力を40万に減らすという当初の計画はすでに吹き飛んでいる。
沢田はこの3点を骨子にして、陸軍省側も合意したとするが、実態としてどれだけ兵力の削減が進んだかは定かではない。さらに沢田は陸軍省との了解事項として、中国軍が攻勢に出て、中国戦線から増派を求められた時は「躊躇せず兵力を増加」するとの口約束も交わしていた。事実上、兵力の増員に同意していたのである。これでも、参謀本部作戦課からは、兵力を減らしすぎていると文句が出たという。結局、陸軍中央は戦線を大胆に縮小する決断ができず、軍の近代化を断行することができなかった。それは各部局の目先の利益を優先するあまり大局を見失うという、日本型組織の限界をも示していた。

ノモンハンの教訓を生かせなかったもうひとつの大きな理由は、陸軍の人事に求められるだろう。現場の部隊長が自決に追い込まれるなど、過酷な処置が行われる一方で、若手のエリート参謀らは一度左遷されたものの、再び陸軍の中枢へと戻るケースが少なくなかった。

陸軍における人材難もあったであろうし、小沼のいう「つよがりの時代」の中で、余人をもって代えがたいということも陸軍の空気としてはあったのであろう。しかし、そのことがどのような結果を生んだのか、ノモンハン事件を主導した二人の参謀、服部卓四郎と辻政信に焦点を当ててみたい。

陸軍内にあった「派閥」

辻が「兄」と慕った服部卓四郎は、旧庄内藩士の服部正徳の四男として山形に生まれ、大正4年に仙台の幼年学校に進学、以降、陸軍の王道、出世コースを着実に歩みつづけた。その軍歴は華々しい。

昭和5年11月　陸軍大学校卒業
昭和6年10月　参謀本部付勤務

昭和7年8月　参謀本部部員（編制班）
昭和9年9月　フランス駐在武官
昭和11年11月　参謀本部部員（編制班）
昭和14年3月　関東軍参謀（作戦主任）　※5月〜　ノモンハン事件勃発
昭和14年9月　歩兵学校研究部員兼教官　※左遷
昭和15年6月　教育総監課員兼陸大教官
昭和15年10月　参謀本部（作戦班長）　※参謀本部復帰
昭和16年7月　参謀本部（作戦課長）　※太平洋戦争勃発　ガダルカナルの戦いを指揮
昭和17年12月　陸相秘書官
昭和18年10月　参謀本部（作戦課長）
昭和20年2月　歩兵第六十五連隊長

服部卓四郎

キャリアの大半を参謀本部部員として過ごしてきた服部の経歴を大きく傷つけたのがノモンハン事件の敗北だった。その責任を問われ、一時は歩兵学校の教官などに左遷されたが、わずか1年後に大本営参謀本部へと復帰、それも陸軍の作戦全体を統括する作戦課の作戦班長という重要なポジションだった。

時はまさに太平洋戦争の前年、アメリカをはじめとする連合国との緊張が急速に高まりつつあった。

ノモンハン事件の後、その教訓を服部はどう受け止めていたのか。服部は『大東亜戦争全史』という大著を著しているが、ノモンハン事件についての記録はほとんど残していない。そのため服部が実際に何を考えていたのか定かでないが、周辺の証言から、太平洋戦争で服部の果たした役割を見てみたい。

服部が作戦課の班長として参謀本部に復帰した時の直属の上司は土居明夫大佐だった。ノモンハン事件の時にはソ連駐在武官として関東軍に警告を発した人物である。1940年9月、土居は参謀本部作戦課長に任命され、陸軍全体の作戦を統括する重要なポジションにいた。本来、土居は参謀本部でロシア課長を務めるなど〝情報畑〟を歩んできた軍人で、キャリアにおいて作戦課の系譜とは一線を画していた。しかしながら、このころヨーロッパではナチスドイツがフランスを占領するなど国際政治が激動する中で、ヨーロッパの情勢にも明るい土居が作戦課長に抜擢されたのである。ともすれば情報を軽視し、独善的な傾向に陥りがちな作戦課の体質に風穴を開けようという狙いもあったようだ。

土居の回想によると、服部は赴任早々、盟友である辻政信の参謀本部への復帰を土居に要望する。辻はその頃、わずか1年余りで2度の異動を命じられ、台湾軍の研究部で冷や飯を食わされていた。土居はノモンハン事件の経験から辻の復帰に反対する。しかし、〝外様〟の土居は参謀本部の作戦畑で王道を歩んできた服部の力に抗しきれなかったと語る。

俺が作戦課長のときに服部が来て、辻を作戦課に呼びたいといってきたんだ。俺は絶対にいかんといったんだ。「君と辻とが一緒になったら、またノモンハンみたいなことをやる。だめだ」とね。ところが服部らは俺を追い出す運動をやったんだ。服部や辻は気脈を通じていて、ノモンハンの責任もとらずに、逆にその責任を云々する俺を追い出しにかかった。俺は自ら第一線転出を願い出て、（筆者注・満州の）牡丹江に出たが、そしたら服部はすぐ辻を呼んで二人のコンビで南方作戦をやったんだ。

我々みたいに外国に居った者とちがって、彼等は参謀本部、陸軍省、支那派遣軍、関東軍などに根をはって居って、同志で気脈を通じ、全体の空気を作っていくんだ。俺としてはこの壁は破れなかった。

（土居明夫伝刊行会『一軍人の憂国の生涯』）

土居が転任となった昭和16年7月、参謀本部作戦課長に新たに就任したのは、他でもない服部卓四郎その人であった。作戦課長は通常大佐が占めてきたが、服部はまだ中佐で、大抜擢の昇進である。そして服部の就任とともに、台湾軍に左遷されていた辻政信も、作戦課の兵站班長として参謀本部へ復帰した。日本軍による真珠湾攻撃の5ヵ月前、ノモンハン事件を主導したコンビが参謀本部に復帰、現場レベルで主導的な役割を果たすことになったのである。

辻の次男・辻毅さんの言葉を借りれば、一介の作戦課員が国運を担う戦争の行方を左右したというのは、確かに言い過ぎかもしれない。太平洋戦争への道筋は、政治も含めたより高いレベルで決まっていったことは事実だ。

しかしながら、当時は、大本営の合意なくしては、政府も軍事に関する国策を決定することはできなかった。そのため大本営において中核的な存在であった作戦課の影響力は非常に大きかったといえるだろう。当時、作戦課に籍を置いていた参謀・高山信武《しのぶ》も、服部と辻が「開戦の原動力」であったとその回想録で認め、両者の関係をこう記している。

剛毅不屈、何者をも恐れぬ辻政信が心から尊敬し信頼して仕えた上司は、恐らく五指に達しないであろう。そして彼自身が述べているように、服部は辻の最も尊敬した上司である。また逆に辻を信頼し、よくこれを使いこなした上司も恐らく五指を数えないであろう。そして筆者のみるところ服部はその随一の人物ではあるまいか。筆者らの会議の席上で、誰人の意見をも受け付けない辻が、服部の意見に対しては、一も二もなく承服するといった場面をしばしば目撃した。

（高山信武『二人の参謀　服部卓四郎と辻政信』）

高山によると、この頃、作戦課では日米開戦に向けて、昼夜を問わず研究が続けられていた。辻は兵站班長にもかかわらず実質的に「作戦課内をリード」していたという。辻は対米開戦を所与の前提として議論を進め、若手参謀が異論を唱えると、「偉大な迫力」によって圧倒していった。服部も辻の議論を支持し、作戦課は対米開戦一色に染まっていく。高山は後年、辻とのやり取りをこう再現している。

「もう一度伺います。米英を相手にして戦って、勝算があるのですか……」

「貴様くどいぞ！　戦争というものは、勝ち目があるからやる、ないからやめるというばかりではないのだ。今や油は絶対だ。油が無くなれば、飛行機も戦車も軍艦も玩具同然となる。油取得のためには、勝敗を度外視してでも開戦に踏みきらねばならぬ。いや、勝利を信じて開戦を決断するのだ」

（同前）

そして辻はこう付け加えたという。

「日本軍が必勝の信念を抱いて作戦すれば、必ずや勝利はわが手に帰する。わが輩は貴様に忠告する、勝算の有無を問題にする前に、まず必勝の信念を抱けとな……それが武人たる者の心がけだ」(同前)

この時、恐らく辻には自信があった。直前まで台湾軍研究部に左遷されていた辻は、そこで腐ることなく半年間にわたって南方作戦の研究に心血を注いでいた。秦郁彦によると、対ソ作戦に主眼を置いていた日本軍は南方作戦については白紙同然で、辻の作戦計画がほとんどそのまま採用されることになったという。

開戦に際しては、辻自らがその作戦を現場で担うことになった。英の植民地であったマレー半島攻略の作戦主任参謀として現地に赴くことになったのだ。辻はその時の気持ちをこう書き記している。

台湾軍研究部以来、夢にも忘れることのできなかったシンガポール攻略の構想を、身を以て実現する地位に選ばれたのである。重責に身振いをさえ感じた。

(辻政信『シンガポール攻略』)

真珠湾攻撃のおよそ1時間前に始まった、この「マレー作戦」は大きな戦果をあげた。電撃的な奇襲攻撃によって、100日間を予定していた作戦行動は70日で終了。第二十五軍の将兵はおよそ1100キロの行程を55日間で走破し、3万5000の兵力でおよそ8万の英軍を撃破する。そしてアジアにおけるイギリスの重要拠点であったシンガポールを陥落させた。国内では、アジアの植民地を欧米による支配から解放した快挙とされ、辻はこの頃から〝作戦の神様〟と呼ばれるようになっていく。

しかし、幸運は長くは続かなかった。初戦の快進撃以降、日本はアメリカをはじめとする連合国の物量によって、次第に追い込まれていく。武器にも弾薬にも事欠く日本軍は、各地の戦線で大砲や機関銃を大量に有する米軍の火力によって粉砕されていった。

敵の情報の軽視、戦力の逐次投入など、ノモンハン事件と同じ過ちを繰り返したかのように見える。その象徴的な戦いが、ガダルカナル攻防戦である。

太平洋に浮かぶソロモン諸島最大の島・ガダルカナル。海岸部を除き、島全体がジャングルに覆われている。太平洋戦争開始からおよそ8ヵ月後、この穏やかな南国の島は凄惨な戦場へと姿を変えていく。

この島に米軍が上陸を開始したのは1942年8月7日。アメリカ海兵隊の兵力はおよそ1万人、日本海軍の基地設営隊が島の北部に建設中だった飛行場周辺をまたたくまに占領した。海軍から支援要請を受けた陸軍は一木支隊を現地に派遣する。しかし、その規模は2400名程度、敵の情報はほとんど把握できていない状態だった。乏しい装備で米軍に突撃した支隊は猛烈な砲火を浴び全滅、支隊長の一木清直大佐はピストル自殺を遂げた。

"餓《が》島"ガダルカナル

一木支隊の壊滅の後、陸軍は川口支隊、第二師団、第三十八師団と兵力を逐次投入、その数は3万人を超えるまでに膨れ上がった。しかし、そこに確固たる勝算はなかった。戦略目的を達成するための明確なビジョンはないまま、場当たり的な対応に終始したその結果、日本軍はノモンハン同様の悲劇を招く。制海権を米軍に握られ、生命線であった輸送船も次々と撃沈された。島はほぼ孤立無援の状態となり、弾薬はおろか、食料にも事欠く状況となった。栄養不足でマラリアにかかったり、飢え死にする兵隊たちが続出、ガダルカナル島は〝餓島〟と揶揄《やゆ》されるようになる。辻は大本営の派遣参謀として現地へ赴き、その様子を目の当たりにしていた。

靴をはいているものは一人もなく、服はボロボロ、ヒゲはボウボウ、仙人といいたいが怨霊亡者の姿であった。すでに食を絶ってから一ヵ月、悪戦苦闘に一粒の飯も食わなかったのである。

やつれはてた姿に、ああ、これがわれわれの同僚であるかと、胸にこみあげてくるものをおさえきれない。

（辻政信『ガダルカナル』）

すでに戦争が遂行できる状態ではなかった。それでも日本軍は手榴弾、小銃、軽機関銃といった乏しい装備で、米軍の根拠地に突撃を繰り返した。兵器や弾薬が届かない中では、歩兵による白兵戦に頼るしかなかったのだ。ただ、辻の表現を借りると、それは「竜車に体あたりする蟷螂《とうろう》（筆者注・カマキリ）の斧」でしかなかった。兵士たちは米軍の「鉄火のスコール」を浴び、「数千倍の弾薬の前に、屍をさらさねばならなかった」という。

わが五分間に一発の割合に対し、敵は一分間に一、〇〇〇発の量で報復した。せまい海岸地帯で、限られた地域である。敵には、目標を正確につかむ必要は少しもないらしい。ただ、数千倍する弾量をもって、ある一定の地域を撃てば十分であった。（同前）

児島襄『太平洋戦争』によると、日本陸軍が投入した兵力3万3600人のうち、犠牲は1万9200人。そのうち戦闘による戦死は8200人、栄養失調やマラリアなどで亡くなった戦病死は1万1000人を数えている。対するアメリカは総勢6万人の兵員を投入、犠牲は戦死1598人、戦傷4709人にとどまった。

なぜこれほどずさんな作戦計画を実行に移したのか、ノモンハン事件と同じ過ちをなぜ繰り返したのか。辻は「昭和の軍人として、国を誤った罪の深さにたえられないものがある」として、戦後、悔恨の念をこう記している。

どうかして破局を救わねばならぬ。しかしながら、マレー作戦で収めた戦果の夢は容易に醒め切らない。戦争に光栄ある結末をつけるためには、敵の反攻に機先を制して徹底的にたたこうとする闘志は、いやがうえにもましてくる。

だが土俵の準備は一向にはかどらなかった。とどまるを知る勇気がなく、卑怯とののしられ、消極と笑われる苦痛を押ええなかったのである。

（中略）

過ぐる年、ノモンハンの戦場に、所要に満たない兵力を逐次に投入し、敵を軽視して、惨憺《さんたん》たる失敗をなめたのに、いままた南海の戦場で同じような失敗をくりかえすかの凶感が胸にせまってくる。

（『ガダルカナル』）

ガダルカナルの敗北の責任を取る形で、服部と辻は再び参謀本部を離れた。

しかし、動きはじめた陸軍という巨大組織の歯車はもはや誰にも止めようもなく、日本は破滅への道を突き進んでいく。

第六章　遺された者たち

「実にすまんことをした」

今回入手したノモンハン事件関係者の膨大な音声記録の読解を進めていく中で、ひとつだけ、どうしても気になることがあった。

2万人近い死傷者を生んだノモンハン事件は、戦闘に関わった将兵だけでなく、その家族も含め、多くの人の人生に少なからぬ影響を与えてきたはずだ。

しかし、音声テープでは、参謀本部の将校からも、関東軍の参謀たちからも、悔恨や反省の思いが聞こえてくることはなかった。

もちろん語られている内容はけっして偽りではない。それぞれの立場から、それぞれの見聞きしたこと、それぞれの主張を率直に展開している。

しかしながら、それらの言葉の多くはどこか他人事で、心の痛みや、後悔の念を含んだ言葉としては響いてこなかった。むしろ自己弁護に終始し、互いの非をあげつらうものがほとんどだった。

たとえば、参謀本部で作戦課長を務めていた稲田正純大佐は、戦後になっても、その責任を関東軍と辻政信に押し付けていた。稲田はノモンハン事件の遺族会に招かれた時のことをこう語っている。

参謀本部作戦課長　稲田正純大佐の回想

「ああいう、くだらん戦争ですからね。私、ノモンハンの会に、いま、ノモンハンの会っちゅうのやってますが、第1回だけ行きましたがね。第2回から、行く勇気がないんです。行って、遺族を囲むんです。それで、体《てい》のいいことを言って、あの戦争は、いかに役に立ったかというようなことばかり言うんですよ。そういう、見え透いたうそは言えないんです。私が本当のことを言うたら、遺族に対して、可哀想なんです。私は、7月にやることを9月までに延ばして、下手くそに兵隊を殺しましたね。それで、日本を敗戦させましたね。実に、すまんことをしたと思ってるんですよ」

陸軍全体の作戦を統括し、関東軍を制御できる立場にあった稲田は、ノモンハンの戦いを「くだらん戦争」とまで言い切っていた。明確な決断を下さず、2万人近い将兵を犠牲にした自らの責任については、「すまんことをした」の一言で終わらせていた。

一方、関東軍の参謀で、捕虜の自決に関わった三好康之中佐は、戦後になっても辻政信を擁護しつづけ、参謀本部にその責任を押し付けていた。

関東軍航空主任参謀　三好康之中佐の回想

「辻という男は天才ですからね、彼のやることは皆大抵いかなる場合でも、どの場合においても、みんないいことなんだな。(参謀本部は) 関東軍司令官のやりやすいように任すなら任す、任さんなら任さん、ゆうことにせないかん。それから、私はいまでも思っていますよ、あの関東軍のいきさつが起きたのは、やっぱり中央の指示が不的確であったと。これが原因をなしておる」

もちろん、ひとりひとりの軍人を指弾するつもりはない。陸軍という巨大組織のしがらみの中で、それぞれその職責を懸命に果たしてきたのだろう。

また稲田、三好をはじめ軍の幹部たちも、左遷人事という形で、責任をとらされたことも確かだ。

しかし、その一方で、命という代償をもって責任をとることになった将校や兵士たちの無念にも思いを馳せざるをえない。資料を通じて、その痛みや苦しみに触れるたびに、あの戦いは何だったのか、組織とは何か、責任とは何なのか、そんな問いが湧き上がってくる。

井置中佐からの手紙

ノモンハン事件は陸軍という〝密室〟の中で始まり、幕を閉じた。軍は新聞各社に報道の自粛を要請し、事件の結末について当時の日本社会が多くを知ることはなかった。

そうした中で、遺された家族はその後どんな人生を歩んでいったのだろう。フイ高地からの〝無断撤退〟の責任を問われ、自決に追い込まれた井置栄一中佐の遺族を訪ねた。

出迎えてくれたのは井置の次男、井置正道さんである。87歳（放送当時）を目前に重い糖尿病を患い、透析を受けながらひとりで暮らしていた。

兵庫県姫路市にある井置家は昔ながらの古い日本家屋で、仏壇には軍服姿の凜々しい遺影が飾られている。出張の際に買ってきたという絨毯など、井置ゆかりのものがいまも残されていた。

軍服を着た遺影の横には、凜とした女性の写真が飾られている。井置の妻いくさんである。

いくさんはノモンハンで夫を亡くしたあと、内職をしながら3人の子どもを育て上げ、戦中、戦後の厳しい時代を生き抜いてきた。正道さんによると、井置は自決したため恩給も支給されず、一家は日々食べるものにも事欠く暮らしを送ってきたという。

「厳しかったですね。恩給がないんですもん、とにかく。とりあえずそこでね、食べる物がないんで、うちの母親が自分の里へ帰って、里の近くの小作人であった人から色々米とか食べる物を、買って帰って来ましたよ。とにかく食べる物なかった。で、姉はやっぱりそれが元で、僕より三つ年上で、うちの兄より一つ年下なんですけど、結核になって死にました。とにかく食べる物がなかった、戦後は」

いくさんは生活に追われる中でも、夫の死の真相を知りたいと情報を求めつづけた。そのことを示す資料が井置家には保管されている。井置が戦場から送った手紙など60点を超える資料が、妻いくさんの手によって残されていた。

井置は第二次ノモンハン事件の始まる直前の6月半ば、第二十三師団に配属となった。子供思いの井置は遠く離れた満州の地からたびたび家族宛に手紙を送りつづけ、時に戦地のイラストも交えながら子供たちに語りかけた。

井置中佐　6月23日付の手紙
目下師団は続々先の戦場ノムハンに向って進軍にして近日大戦争ある筈（中略）子供には言ふな只勉強すれば良いのだ　克《よ》く家を守れよ　呑気にして病気になるな（中略）毎日写真を見てゐるよ、当地に来てから全く病気を忘れたのか治ったのか夜も良く面白い程眠る（中略）時々手紙を呉れヤッパリ戦場では手紙第一だ（中略）
いく殿江皆々可愛子供達

正道さんは、家族思いで優しかった父親の像をこう語る。
「私がセミを、小さい時ですから、夏、捕ってたら『セミにも命がある』って。『お前はそうむやみに捕るのは好きかも分からんけれどもセミの身分になってみろ』っていうのを手紙が来たことがあるんです。そのセミみたいなものにね、『セミにも命があるんだ』と。『そうむやみにすぐ死んでしまうものを、簡単に、自分の遊びのためにセミ捕るのはよくない』と。うちの母親が読んで聞かして、『なるほどなあ、セミにも命あるんか』って僕も思うたことありましたね。軍人でも理のある仕事の仕方はいいけども、むやみに人を簡単に殺害したりするのは自分の性分に合ってなかったみたいですね」

しかし、第二次ノモンハン事件が始まると、手紙のトーンは大きく変わる。過酷な戦場で必死に任務を遂行する父親の姿が目に浮かんでくる。

8月6日付の手紙
今私は自分の隊の外沢山の隊を指揮して近く敵と相対峙し敵の砲撃と爆撃の中に重大なる任務に服して居る　そして沢山の部下を犠牲にしたその遺族の方々に対して何とも申訳がない　この幾多貴き英霊の事を思ふと益〻責任の重且大なるを痛感する

8月16日付の手紙
父の事は決して心配するな　アナタは勉強さへすればよろしい　然し眼によく気をつけ

て無理をするな　母が一人だからよく相談相手になって呉れ　父は戦争が商売だ　余り心配するな（中略）家内中が心配しては困る　大いに愉快にやれよ　心配するな

井置の手紙に不可解な記述が出てくるのは、日本側の敗北が濃厚となった9月。手紙には苦しい心境が書き記され、言外に何かを匂わせるような表現が目立つようになる。

日付不明
八月十九日ヨリ大激戦アリ
小生多クノ部下ヲ失フ
九月二日附師団司令部附に転任ス（中略）
男子トシテ卑怯ナル行為丈ハセザリシト確信シアリ
其ノ内ニ知ル人ゾ知ルダ
皆丈夫ニ暮セ

9月8日付の手紙では、より詳細に自分の置かれた苦しい立場を伝えていた。

9月8日付の手紙

時々新聞に出てゐた「フイ」高地と云ふ所が私が大将となって守備してゐた所た　八月十九日から一米平方に砲弾を受け戦車百五十台にとりまかれ八〇九の兵隊が百二十九人に減少し二十五日までもちこたえたが　終に部下をつれて夜半味方の方に帰って来た（中略）大いに軍司令官にシカラレたそして連隊長も変わり目下は第二十三師団司令部附となってゐるが段々事情もわかって来たので沢山の同情者もある（中略）軍人として少も卑怯な事はしてゐないから御安心を乞ふ（中略）師団全般にて死体を収容出来ないのが約六千ある　如何に激戦であるかと知って呉れ　然し今となっては長《な》が生《いき》して戦争の実際を世間に伝へる必要がある　然らざれは失った多くの部下が成仏出来ないだろう新聞などは皆ウソだ（中略）世間に対しては一サイ語るな

この手紙が、家族に宛てた最後のものとなった。

「戦死」でなく、ただ「死んだ」

それからひと月後の10月9日、突如、家族のもとに軍から1通の通知が届いた。

井置栄一　九月十七日午後九時　満州国興安北省将軍廟棟南約十二キロニオイテ死亡ス

手紙では生きる意欲も見せていた井置が、死亡したというのだ。通知書にあったのは「死亡ス」の一文のみ。その理由はひと言も記されてはいなかった。

井置はこの時すでに捜索隊を解任され、師団司令部付となり、戦場から退いている。またこの頃には停戦交渉も大詰めで、現地で大規模な戦闘はほとんど行われていなかった。それがなぜ突如として死亡したのか。通知を受け取った妻・いくさんの様子を正道さんはこう回想する。

「『ちょっと通信が遅れたな』と思ったのが、9月半ばごろから、さっと消えてしまったんです。で、しばらくしてると、ただ亡くなったっていう。うちの母親『おかしいなあ』言ってましたわ。『戦死』とかいう言葉は使わへん、『死んだ』だけです。そういう言い方で（通知が）来とるんです。だから、鋭敏に、うちの母親なんかは、感じていたんですよね。『これは普通の死に方とは違うな』っていう。そういう気は直感としてあったんじゃないんですかね。子供に見られることは出来るだけ避けようとして、顔に出さなかったですね。普通の状態みたいに保っとったけど、心の中では非常に葛藤しとった。それはもう、僕みたいに8つぐらいの子供にもパッと分かりましたね。それは直感やね」

いくさんの疑念をさらに深めたのは、井置の遺品が人づてに届くようになったことだ。差出人が誰だったのかいまとなっては定かではないが、正道さんも送られてきた父の遺品を目にしている。遺品の中には井置が使っていた戦闘帽も交じっていた。その縁にはびっしりと血糊がついていたという。正道さんは、誰かが何らかのメッセージを遺品に託していたのではないかと回想する。

「自決した時に血が出たんです。血が当たっとんですよ。普通、うちの父親の遺骨を作る時に、ほんとの意味で自決したんやったら、そんな戦闘帽の血の付いたものを送って来ないと思うんです。口では言えんけども、この戦闘帽のこの血見たらな、これは自決した印になるなと。うちの父親に同情する部下であった人か、同僚であったか、それは知りませんよ。送って来てくれて。口で言うと責任がかかってくるから。うちの親父の遺骨と一緒にその戦闘帽を送れば、いっぺんにこれは自決させられたんだって分かると、そう思うたんでしょうね」

不可解な夫の死。いくさんは、第二十三師団師団長の小松原道太郎中将や、軍の司令部に宛てて直接手紙を書き、死の真相を問いあわせていた。小松原はその時届いた、いくさんの手紙を日記に書き写している。

いくさんの手紙　小松原師団長宛

私ハ故井置栄一ノ妻テアリマス　去ル二十二日熊本テ遺骨ヲ受取リマシタ　生前中ハ一方ナラヌ御世話ニナリマシタコトヲ御礼申上ケマス　先日モ死亡ノ様子ヲ御尋ネ申上ケマシタカ誰方カラモ返事頂カス軍ノ秘密トハ存シマスカ遺族ト致シマシテハ誠ニ夫《そ》レカ聞キ度　失礼トハ存シマスカ再ヒ御願致ス次第テコサリマス

戦死ハ素ヨリ覚悟テコサイマシタ　部隊長トシテ華々シク戦死シタノテシタラ　ドンナニ世間ニ対シ名誉之ニ過キマセン　併シ武運拙ク部隊長ヲ止メラレ停戦後死亡ナトノ公電ニ接シテハ肩身カ狭ク世間ニ対シ会ハス顔カアリマセン　村葬ナトノ儀モ起ツテ居リマスカ　コレモ御受ケ致スコトモ出来ス誠ニ残念テコサイマス

私ハ責任上自決致シタコトヽ確信致シテ居リマス

しかし、小松原を含め、軍の誰からも返答はなかった。

いくさんは軍幹部にも直接面会を求めていく。ある日ノモンハン事件に関わった第六軍司令官・荻洲立兵《おぎすりゅうへい》中将が地元姫路を訪れていることを新聞で知ったいくさんは、学校帰りの正道さんの手を引き、荻洲が宿泊している旅館を訪ねていった。旅館の前で立ち尽くす母と子。しかし荻洲は、幼い子供の手を引いたいくさんに会おうともしなかったと正道さんは回想する。

「荻洲立兵という人が来てると、姫路の町に。姫路で一流の旅館に泊まってることが分かったんですよ。うちの母親が僕の手をつかまえて、荻洲に会いに行ったんです。そしたら荻洲立兵の副官がおって、話したら、（荻洲は）『いま忙しいて会いとうない』って。そうしたら、荻洲のほうが、『副官、副官』言うてね、何回も連呼してうちの母親とその副官の人とが会えないようにした。それは僕は知ってる。僕はそれを聞いて、うわあ、日本の将軍なんて人の前では偉そうなこと言うとるけど、中に入ってみたら、実に卑しい人間やなあって、こう思いましたね」

年の瀬のある日、いくさんは思わぬ人物の訪問を受けた。何の前触れもなく、小松原が井置家を訪ねてきたのだ。1939年12月24日の深夜だった。隣の部屋で寝ていた正道さんは、ふすまをわずかに開け、その隙間から様子を窺っていた。小松原は井置の写真が飾られた仏壇に手をあわせて、嗚咽をもらしていた。

「もう12時ぐらいだったかな。玄関をコトコトっとこう、叩く人がおるんで、うちの母親が出てみて開けてみたら、小松原いう人が軍服姿で来とった。この小松原いう人が来とるっていうことでびっくりしてうちの母親が、こっちへ来て、もう荷物を片付けないと入られないから。で、入ってもろうたんです。敷布団とか上布団を隣の部屋に押し込んで、うちの母親と、何て言いますか、あの小松原いう人が会うことになったんです。僕は開けて、ふすまを。こうやって見とったら、小松原いう人は、うちの父親の遺骨の前で手を合わしてしくしく泣くんですよ。井置は負けたから先に死んでしもうた。一緒に東京に帰って、その負けた惨状をともに話したいと、多くの人にと思ってたのに、先、死によった。そこで涙をこぼして泣くんですよ」

しかしこの日、小松原が井置の死の真相を遺族に告げることはなかった。

小松原の訪問の理由は定かではないが、井置を自決に追いやったことに対して、何らかの思いを抱いていたことは想像できる。

小松原が残した日記帳の最後には「小松原中将　凱旋ス」などの新聞記事の切り抜きが貼られている。ノモンハンで敗北を喫したにもかかわらず、新聞などのメディアは小松原を賛美する報道を行い、小松原もまたそれを喜んでいた節もある。しかし、その一方で、自らが統率する1個師団を壊滅させ、多くの将兵を失ったことへの悔恨と痛みは、小松原の胸に深く突き刺さっていたに違いない。

小松原はそれから1年もたたないうちに胃潰瘍を患い、54歳の若さでその人生に幕を下ろしている。

太平洋戦争が終わり、戦後の社会が始まっても、いくさんは夫の死の真相を求めつづけた。井置のかつての部下や軍の関係者に協力を仰ぎながら、関東軍の元幹部に手紙を書くなど、手掛かりを探しつづけていた。

しかし、戦後になっても、軍の幹部たちは「知らぬ存ぜぬ」を決め込んでいた。井置家には軍幹部から届いた直筆の手紙も残されている。

関東軍作戦課長　寺田雅雄大佐からの葉書
ノモンハン事件に就いての御質問の件は小生全く記憶致しあらず

関東軍作戦主任　服部卓四郎中佐の手紙
井置中佐　自決の真相状況　全く知らない
自決を強要した人　強要されたのかどうかも知らない

いくさんは1972年7月、70年の生涯を閉じた。夫の死の真相を知ることは最後までかなわなかった。

次男の正道さんは、母親の思いを受け継ぐかのように、戦後、高校の教員として働く一方で、現地ノモンハンに赴くなど調査を続けてきた。父と母の無念の思いに応えたい、軍の不実を世に知らしめたいとの執念だった。

「(父は)いつか、自分の心境を晴らす者がおるだろうということを確信しとったと思いますね。真実は曲がりなりにでも伝わっていくと。急に伝わらんでも、年月がかかっても伝わっていくだろうというのが私の信念ですね。父親の信念もそうやったと思います。真実を、明らかにすると同時に、やっぱり良心がないといけないですね。そういうのが、この当時から、軍隊の中では欠けてる人は欠けてたんですわね。僕はそう思いますね。いまの世の中もそうかも分からんけども、80年前もやっぱり同じですよ。そんなに良くなってない」


ノモンハン事件の数少ない生存者、柳楽林市さんもまた孤独な思いを抱えながら戦後の長い時間を生き抜いてきた。

戦後は地元の島根県に戻り、教師として働いた。一人暮らしの自宅には国から授与されたノモンハン事件の感状が保管されている。柳楽さんにとって大切な宝物だという。

「いまの人にとっては一文の価値もないでしょうが、私にとっては間違いなく誇りです。そのときは忠義一本、人生の前半の大切な証明書です」

命をかけて戦ったノモンハンでの戦争体験は、どんなに苦痛に満ちたものであっても、それは同時に柳楽さんの誇りでもあった。モンゴルの草原で命をかけて戦友とともに戦った記憶は柳楽さんの人生に欠かせぬものとなっていた。

柳楽さんは戦後も、国や軍への批判をいっさい口にしたことはなかったという。天皇陛下のためと信じ、戦場に散った戦友たちに唾を吐きかけることはしたくなかった。

だが、その思いは15年ほど前に打ち砕かれる。それはたまたま手にした昭和史に関する本を読んだことがきっかけとなった。天皇陛下の命令だと信じ、命をかけて戦った戦友たち。しかし、実際には昭和天皇は戦線の拡大に反対していたと知ったのだ。天皇の意向を無視し、戦争へと突き進んでいった関東軍への怒りがふつふつと湧き上がってきたという。

「命令だから仕方がない。天皇陛下の命令だから仕方がない。そう思っとった。もう、天皇陛下の命令は絶対だもんな。恐らく戦友もそう思っとったと思います。だが天皇陛下の命令でなかった。私たちは、戦友は、天皇の命令でなくて、天皇の命令に反した上官の命令で戦死したのは、これには憤りを感じました。戦友がそれを知らずに死んだっちゅうことは哀れだ。まあ私自身もそんなこと知らなかったんですから。あそこで無駄に戦死させられたのは、ほんに可哀そうだったと思っております。可哀そうだったのと同時に、なんであんな無駄な戦争をしてたんだ、腹が立ちます」

柳楽さんの怒りは関東軍へ、それも特定のある将校へと向かっていった。それは関東軍参謀としてノモンハンを指揮した、あの辻政信である。

「関東軍に対する怒り。関東軍ちゅう奴が悪かった。これはちょっと暴言かもしれませんが、辻政信なんかは、陸軍大学で陸軍の参謀になるような教育を受けておりますが、特に優秀な人は天皇陛下から直接……恩賜の刀ですか、何か頂戴して卒業していく。そういうような人は、当然陸軍参謀本部の中央で働きたいですわね。何とかして早く中央の参謀本部に戻りたい。そのためには自分が何かの軍功を立てなきゃならない。恐らくそんな思いで戦争やったんじゃないかっちゅうことしか、思えないです。自分の功績のために、功績を挙げるために戦争起こす。その辻参謀が憎たらしいです」

辻政信とその家族の戦後

その辻政信は、太平洋戦争の終結後、単身東南アジアや中国に潜伏、ようやく帰国を果たしたとき、終戦から約3年の月日が流れていた。

辻はその間、中国国民党の蔣介石政権とも水面下で接触している。GHQによる訴追を逃れるためという見方もあるが、辻本人の言い分としては、日本の再建のため、新生中国と連携し、「日華合作」の第一歩を踏み出したいと考えていたという。1948年5月、辻は北京大学の教授と偽り、長崎県佐世保に上陸。その後、戦犯指定が解除されるまでのおよそ1年半、訴追を逃れるため、日本全国の寺や知人宅を転々とし潜伏生活を続けている。当時は、家族にまで警察の尾行がつくほどの厳しい警備態勢が敷かれていたという。

1949年に戦犯指定が解除されると、辻は潜伏時の体験をもとに『潜行三千里』などの書籍を出版、ベストセラーを連発する。その余勢を駆って、地元石川県で衆議院選挙に立候補し、6万5000に及ぶ票を得て国会議員に当選した。国会では「自立自衛」「再軍備」を掲げ、自民党に属しながらも（のちに除名）安保改定に反対するなど、特異な存在感を放っていく。

大本営の中枢に籍を置いた旧軍人で、国会でも過激な発言をいとわない辻の存在は、旧軍の象徴、悪しき時代の残滓《ざんし》のようにも捉えられ、世論の反発は強かった。次男の毅さんによると、家族にまでその風圧は及んでいった。

「学校で皆いじめられましたよ。うちの姉たちは徹底的に学校で先生から、当時は日教組ばっかり多かったですからね。ですから、いじめられました、辻政信の子供ってこと。いまのいじめどころじゃないです。学校で皆いじめられて、泣きながら帰ってきたのは姉たちいくらでもあります。お前の親父さんがね、悪いことばっかりしたんだろうって言っ

'61年ラオスで失踪する直前に撮影された僧衣姿の辻政信

て、こういう感じで小学校時代にいじめられてるからね。担任の先生からもそれに近いこと言われます。このクラスにそういう人の子供がいるとかいう言い方していじめられたりとかね、するんですね」

辻は国会議員の仕事のかたわら、自分の直属の部下など遺族を訪ね歩き、金銭的な面も含めた生活のサポートを10年にわたって続けていたという。ベストセラーを連発し、高額所得者にも名を連ねていたが、辻自身が家族に余分なカネを渡すことはなく、母親は質屋通いを続けるなど一家は苦しい生活を続けていたと毅さんは強調する。

辻が唯一家族に残したものは6冊に及ぶ膨大な〝遺書〟だった。

ほとんど公開されたことのないこの遺書を、毅さんの立会いの下で今回閲覧することができた。日付は昭和21年10月26日から始まっている。辻が潜行先の南京で書きはじめたものので、辻の性格を表すように、ペン字でびっしりと埋め尽くされていた。遺書には正副があり、万全を期すためそれぞれ別ルートで、ひとつは辻家に、もうひとつは服部卓四郎のもとに届けられたという。辻の生い立ちから、戦場での記録まで、子供たちに語りかけるようにつづられ、辻が軍ではけっして見せることのなかった孤独な思いと、家族を思いやる言葉が胸を打つ。

その遺書の最後には「お前たちの進む路」と題して、子どもたちに向けた文章を書き残している。毅さんの許可を得て、次にその内容を要約する。

辻は、自らはどんな戦場にあっても孤軍奮闘し、困難から逃げ出したことは一度もないこと、むしろ苦難を積極的に引き受け、誇りを持ち、命を顧みずに戦ったこと、その一方で、「独善で喧嘩好き」な欠点を自ら認め、「父は未熟であった」とも振り返っている。もっと「度量が大きく、清濁併せ呑む」ことができていれば、こんなにも苦しまずに、大きな仕事ができたのではないかと。子どもたちに向けては、「炭鉱の抗夫になっても百姓になっても構わない」とし、「正しい心、純忠の精神」で、母を助け、国難を生き抜いてほしい、「人間の真価」は社会的な地位や財産では決まらないと語り掛けた。「正しく生き、正しく死ぬ事」を大切にすること、どんな苦難にあっても「笑いながら突破する事を心から望んで居る」と書き残していた。そして、子どもたちの戦後の苦難の道を慮るかのように、「進め、進め、朗らかに笑って。春は遠くない」と結んでいる。父親としての辻の思いがそこには書き込まれていた。

毅さんにとっても父が残した言葉は重いものだった。毅さんは遺書に残された言葉を胸に刻み込み、その後の生き方を決してきた。猛烈な努力で会社で出世を重ねながらも、自らが正しいと信じた道を譲ることができず、上層部と対立した毅さんは幾度も左遷を経験し、定年を待たずして退社の道を選んでいる。

いまも父・政信を敬う毅さんは、信念に恥じない生き方をしたいと考えている。

「大した父親だったと思いますよ、子供たちから見ててね。あんだけ自己利益って何も考えないでね、純粋に立派な行動を取った人間だなと思ってます。だからそういう意味では自分としては尊敬してます、父を。で、自身も父の血を引いて、まさに父が言ってた通りのことをいまやってきてます、この70年間。自信持ってます。自分のやり方は間違ってなかったといまでも、確信持ってます、正直言いまして」

語り継ぎ、問いつづける

ノモンハンの激戦を生き延びた柳楽林市さんは、102歳になったいまも、毎年続けていることがある。

真夏の太陽が容赦なく照り付ける7月末、柳楽さんはひとり電車を乗り継いで、隣町の浜田市へ向かう。柳楽さんも所属した部隊の駐屯地があった浜田市の護国神社で、毎年夏にノモンハン事件の慰霊祭と「語り継ぐ会」が開かれている。

ノモンハン事件への社会の関心が薄れる中で参加者は年々減少している。しかし、「自分が生きているうちは何としても続けてほしい」という柳楽さんの強い希望によって会は存続してきた。

ノモンハンの戦場では自分が生き残ることに精一杯だった。戦場で亡くなっていった戦友たちの悲しみに思いをはせる余裕さえもなかった。あれから80年の歳月が流れたいま、戦友たちの痛みや苦しみを次の世代へと伝えていきたいと柳楽さんは考えている。

「怒り……怒りですわ。怒っとるですわ。怒っとるです。ただ私にできることは、大地を叩いて嘆くしか他に手段がないですけん。それと、戦死した者に、悔しかったのう……ちゅうて同情することしかないですけん。死んだ者はもの言わんだから。代わりに私が声を上げなきゃならんと、そういう思いでノモンハンの語り継ぐ会に出て、一生懸命やっておるということです。死んだ者の代わりに怒らなきゃならんです。死んだ者に代わってわしがこのノモンハン事件、いかに無駄だったか、いかに日本に大損害を与えたのか、この償いをどうしてくれるんだと怒りたいですね」

会が終わったあと、柳楽さんは、神社の敷地に立つノモンハンの慰霊碑へとひとり向かった。慰霊碑の前で柳楽さんは、震える声で戦友たちにこう語りかけた。

「林市ですよ、水を持ってきましたよ。たくさん飲んでくださいね」

モンゴルの乾ききった草原の中で、水を飲むこともできず散っていった戦友たち。柳楽さんは慰霊碑に水をささげ、戦友たちの冥福を祈りつづけていた。

なぜ戦友たちは死ななければならなかったのか。

ノモンハン事件とは何だったのか。

答えのないその問いに、命ある限り、向き合っていきたいと考えている。

あとがき　いま戦争を語るということ

1961年4月、辻政信はベトナム戦争が続く東南アジアに視察へ向かった。およそ1ヵ月の旅程だったが、辻がその後、再び祖国の地を踏むことはなかった。

取材が一段落した後、私は休暇を取り、辻が最後に訪れたとされるラオス中部シェンクワーン県のジャール平原を訪れた。山間にある原っぱには、古代クメール人が使用したとされる巨大な石壺など文化遺産が多数残されており、まるでおとぎ話の国のような美しい風景が広がっていた。

その一方で、そこにはベトナム戦争の傷跡が深く刻み込まれていた。案内してくれたガイドによると、当時、北ベトナムの友好国だったラオスは兵器や物資の輸送路となり、米軍の激しい空爆にさらされたという。半世紀がたったいまもジャール平原の至る所に立ち入り禁止のエリアがあり、不発弾の処理が続いている。市場では不発弾を再利用して作られたスプーンやスコップなどが当たり前のように売られていた。

なぜ辻はラオスを訪れたのか。その目的は定かではない。

北ベトナムの指導者ホー・チ・ミンと面会しベトナム戦争の和平仲介をしようとしたという説もあるが、その真意はわからないままだ。戦後、国会議員にはなったものの、政界で孤立し死に場所を求めてラオスへ向かったという説もある。しかし、実際に現地を訪れてみると、「よくここまで来たな」という感慨を禁じえなかった。ジャール平原は交通の便が発達した現代でも気軽に訪問できる場所ではない。まして１９６０年代の当時、強い信念がなければ、ここまでたどり着けなかったであろう。

戦後、時に〝絶対悪〟として厳しい批判にさらされてきた辻政信。陸軍の中でもひときわ異彩を放つこの人物を今回どこまで取材するのか、迷いはあった。辻が旧陸軍の中枢に位置し、大きな責任を負っていたことは紛れもない事実であり、遺族を取材したとしても、簡単には辻を擁護できないことは明らかだった。

しかし、その一方で、ジャーナリズムの仕事に携わる以上、批判の矛先を向けられる人物にもできる限り肉薄し、その思考を内側から理解したいという思いも強くあった。もちろんそれは容易な道のりではなかったが、辻の次男・毅さんをはじめ、遺族に取材することができたことは、事件の全体像を捉えるうえで大きな意味があったと考えている。

旧軍を象徴する〝悪〟として描かれてきた辻にも人間的な顔があったこと、また辻に光を当てたことで、責任を互いに押し付けあう陸軍という巨大組織の闇も見えてきた。

取材の過程において、森友学園の問題で近畿財務局のノンキャリアの職員が自殺するなど、ノモンハン事件で描こうとしたテーマと現代との類似性を感じさせる出来事も相次いだ。組織の上層部は責任をとることなく、そのしわ寄せが下へ下へと向かっていく構図は、いまも変わらぬ日本型組織のありようのように思えてならない。


辻政信の墓は大阪府大東市、「野崎観音」で有名な慈眼寺にある。辻が好きだったという忠義の武将・楠木正成。その息子・正行《まさつら》が散った四条畷《しじょうなわて》の戦場にほど近いこの場所に墓を建てることを辻は望んだと伝えられている。

墓所は高台にあり、そこからははるか遠くに四條畷の街並みが一望できる。戦中、戦後の激動の時代を駆け抜けた辻政信はいまこの場所で妻・千歳とともに静かに眠っている。


太平洋戦争から74年、ノモンハン事件から今年で80年の歳月が流れた。

ＮＨＫでは２０１５年のＮＨＫスペシャル「沖縄戦 全記録」、２０１７年のＮＨＫスペシャル「戦慄の記録 インパール」など、ひとつの戦争をトータルに描く番組を連発している。今回の「ノモンハン 責任なき戦い」もこの系譜につながる番組だと考えている。

太平洋戦争についての基本的な知識さえも持たない若い世代がいる中で、なぜ戦争は始められ、そこでどんな戦いが繰り広げられたのか、戦争の全貌を時系列できっちりと描き出す番組がこれからも必要ではないかと強く感じている。

　地味で難しいテーマを視聴者にわかりやすく伝えるため、番組では最新の技術も駆使した。NHKアーカイブス部の霜山文雄とNHK放送技術研究所の遠藤伶を中核としたチームは、ロシアとモンゴルで入手したノモンハンのフィルム映像を最新のAI技術でカラー化、戦場の実相を現代によみがえらせた。

　ノモンハンの現地取材では、カメラマンの森戸秀幸、照明を担当する岡戸貴憲のクルーが、4Kカメラを駆使し、草原で散った将兵の怨念が乗り移ったかのような、印象的なカットを数多く撮影してきた。また、梅本肇、近松伴也の両ディレクター、編集を担当した川神侑二をはじめとする制作スタッフは、膨大な資料と格闘しながら、映像編集、CGやイラストの制作にあたり、この複雑な〝事件〟の全貌を伝えることに力を尽くした。

　取材にかけた時間はおよそ1年に及ぶ。当時を知る証言者もほとんどが鬼籍に入る中で、北方の戦争をどう語り継いでいくのか、音声記録を新たに発掘したり、映像のカラー化に挑戦するなど、テレビメディアの人間として模索を続けた日々だった。取材を進めれば進めるほど、日本陸軍の暗部が浮かび上がり、幾度も嫌悪感にさいなまれたが、取材で出会った方々の言葉に励まされながら何とかやり抜くことができた。臭いものに蓋をすることなく、戦争の教訓を語り伝えることは、テレビジャーナリズムの大事な責務だと考えている。これからも、テレビ制作者のひとりとして、あの戦争をどう発信し、語り継いでいくのか、考えつづけていきたい。

取材にあたっては多くの方々にお世話になった。軍事史学会の顧問・原剛氏、ノモンハン研究の第一人者で現代史研究の大家・秦郁彦氏、航空自衛隊の元幹部でノモンハン航空戦にも詳しい源田孝氏、国文学研究資料館准教授の加藤聖文氏、防衛研究所戦史研究センター主任研究官の花田智之氏、神戸大学准教授のシュラトフ・ヤロスラブ氏、これらの方々にはノモンハン事件をどう捉えればいいのか、学問的な観点から数多くのご助言をいただいた。

この他、ノモンハン現地取材のコーディネーションを担ってくださった岡崎久弥氏、兵器の鑑定や映像カラー化の考証でご助力いただいた鈴木邦宏氏、地図という視点からノモンハンを研究し幾度も勉強会を開いてくれた大堀和利氏、井置家の資料を整理保管していた上村真理子氏、資料のご助言をいただいた岩城成幸氏、石川県での取材をサポートしていただいた佐藤公男氏など、多くの方々のご支援によって取材は進んでいった。この場を借りて御礼申し上げたい。

18歳でドストエフスキーの短編「白夜」に出会って以来、ロシアの魅力に取りつかれ、はや20年以上の歳月が過ぎた。ノモンハン事件80年を区切りに、本書を執筆できたことは、望外の喜びである。このような機会を与えてくださった講談社・浅川継人氏には感謝の念以外にはない。

また、大学で学ぶ機会を与えてくれた両親、そして仕事ばかりの生活を一貫して支えてくれた妻・沙織に感謝を捧げたい。

2019年（令和元年）6月

田中雄一

NHKスペシャル
「ノモンハン　責任なき戦い」
制作スタッフ

音楽：得田真裕
語り：伊東敏恵　小林勝也
声の出演：石田圭祐　田中明生　浅野雅博
色彩復元：遠藤伶　霜山文雄　高宮大
色彩考証：鈴木邦宏　花田智之
ワジム・アントーノフ　シュラトフ・ヤロスラブ
リサーチャー：袁軍
コーディネーター：渡辺秀治　柿本裕　ヤーナ・ロージナ
取材：大貫陽　岩本善政
撮影：森戸秀幸　高軍
照明：岡戸貴憲
音声：緒形慎一郎
映像デザイン：野島嘉平
イラスト制作：高橋昴也
ＣＧ制作：野沢栄二
VFX：周東昭彦
映像技術：松島史明
音響効果：小野さおり
編集：川神侑二
ディレクター：田中雄一　近松伴也　梅本肇
制作統括：西脇順一郎　横井秀信

主要な参考文献

▼**ノモンハン事件、および日本陸軍研究**

・アルヴィン・D・クックス『ノモンハン』（朝日文庫、一九九四）
・アルヴィン・D・クックス『張鼓峯事件』（原書房、一九九八）
・麻田雅文『日露近代史』（講談社現代新書、二〇一八）
・有馬哲夫『大本営参謀は戦後何と戦ったのか』（新潮新書、二〇一〇）
・岩井秀一郎『多田駿 伝』（小学館、二〇一七）
・岩城成幸『ノモンハン事件の虚像と実像』（彩流社、二〇一三）
・牛島康允『ノモンハン全戦史』（自然と科学社、一九八八）
・笠原孝太『日ソ張鼓峯事件史』（錦正社、二〇一五）
・鎌倉英也『ノモンハン　隠された「戦争」』（日本放送出版協会、二〇〇一）
・川田稔『昭和陸軍全史1～3』（講談社現代新書、二〇一四）
・児島襄『太平洋戦争上・下』（中公新書、一九六五）
・小林英夫　張志強共編『検閲された手紙が語る満洲国の実態』（小学館、二〇〇六）
・五味川純平『ノモンハン上・下』（文春文庫、一九七八）
・島田俊彦『関東軍』（講談社学術文庫、二〇〇五）
・鈴木伸元『反骨の知将』（平凡社新書、二〇一五）
・田中克彦『ノモンハン戦争』（岩波新書、二〇〇九）

・中山隆志『関東軍』（講談社選書メチエ、二〇〇〇）
・日本国際政治学会太平洋戦争原因研究部編『太平洋戦争への道』（朝日新聞社、一九八七）
・戸部良一 他『失敗の本質』（中公文庫、一九九一）
・秦郁彦『明と暗のノモンハン戦史』（ＰＨＰ研究所、二〇一四）
・秦郁彦『昭和史の軍人たち』（文春学藝ライブラリー、二〇一五）
・秦郁彦『日本人捕虜上・下』（中公文庫、二〇一四）
・秦郁彦『昭和史の謎を追う上・下』（文春文庫、一九九九）
・半藤一利『ノモンハンの夏』（文春文庫、二〇〇一）
・保阪正康『昭和陸軍の研究』（朝日新聞出版、一九九九）
・森山康平『ノモンハン事件』（ＰＨＰ文庫、二〇一六）
・読売新聞社編『昭和史の天皇』（読売新聞社、一九六九）

▼基礎資料

・伊藤隆 照沼康孝編『続・現代史資料(4)陸軍 畑俊六日誌』（みすず書房、一九八三）
・角田順編『石原莞爾資料 国防論策篇』（原書房、一九六七）
・角田順編『現代史資料10 日中戦争3』（みすず書房、一九六四）
・日本近代史料研究会『稲田正純氏談話速記録』（一九六九）
・日本近代史料研究会『西浦進氏談話速記録上・下』（一九六八）
・日本近代史料研究会『片倉衷氏談話速記録上・下』（一九八二〜一九八三）

・半藤一利編著『昭和史探索4』（ちくま文庫、二〇〇七）
・防衛庁防衛研修所戦史部編『戦史叢書　関東軍〈1〉』（朝雲新聞社、一九六九）
・防衛庁防衛研修所戦史室編『戦史叢書　関東軍〈2〉』（朝雲新聞社、一九七四）
・防衛庁防衛研修所戦史室編『戦史叢書　大本営陸軍部〈1〉』（朝雲新聞社、一九六七）
・防衛省防衛研究所戦史部編『ノモンハン事件関連史料集』（防衛省防衛研究所、二〇〇七）
・宮内庁『昭和天皇実録』（東京書籍、二〇一六）
・読売新聞社『昭和史の天皇』取材資料（国立国会図書館憲政資料室蔵）
・Вооруженный конфликт в районе реки Халхин-Гол Новалис Москва 2014
・РОССИЯ И СССР В ВОЙНАХ XX ВЕКА МОСКВА ОЛМА-ПРЕСС 2001
・Ю.М.Свойский ВОЕННОПЛЕННЫЕ ХАЛХИН-ГОЛА Университет Дмитрия Пожарского Москва 2014
・РУССКО-КИТАЙСКИЕ ОТНОШЕНИЯ В XX ВЕКЕ Москва 2000

▼当事者による記録

・井置正道『ある軍人の生涯』（井置栄一の追悼録を出版する会、二〇〇六）
・石田喜與司『帰らざるノモンハン』（芙蓉書房、一九八五）
・板垣征四郎刊行会編『秘録　板垣征四郎』（芙蓉書房、一九七二）
・井本熊男『作戦日誌で綴る支那事変』（芙蓉書房、一九七八）
・岩畔豪雄『昭和陸軍謀略秘史』（日本経済新聞出版社、二〇一五）
・遠藤三郎『日中十五年戦争と私』（日中書林、一九七四）

・扇広『私評　ノモンハン』(芙蓉書房、一九八六)
・小野塚吉平『ノモンハン中隊長の手記』(新人物往来社、一九七六)
・北川四郎『ノモンハン　元満州国外交官の証言』(中公文庫、二〇一五)
・草葉榮『ノロ高地』(鱒書房、一九四一)
・沢田茂『参謀次長　沢田茂回想録』(芙蓉書房、一九八二)
・須見新一郎『実戦寸描』(須見部隊記念会、一九四四)
・瀬島龍三『幾山河』(産経新聞社、一九九六)
・高山信武『服部卓四郎と辻政信』(芙蓉書房、一九八〇)
・忠霊顕彰会編『ノモンハン美談録』(満州図書、一九四二)
・辻密男『ノモンハンとインパール』(旺史社、二〇〇〇)
・土居明夫伝刊行会編『一軍人の憂国の生涯』(原書房、一九八〇)
・東郷茂徳『時代の一面』(原書房、一九六七)
・冨永信『ノモンハン　孤立兵の遺書』(農文協、一九九三)
・西浦進『日本陸軍　終焉の真実』(日経ビジネス人文庫、二〇一三)
・西春彦『回想の日本外交』(岩波新書、一九六五)
・額田坦『陸軍省人事局長の回想』(芙蓉書房、一九七七)
・ノモンハン会編『ノモンハン戦場日記』(新人物往来社、一九九四)
・服部卓四郎『大東亜戦争全史』(原書房、一九六五)
・松本草平『茫漠の曠野　ノモンハン』(東方通信社、二〇一七)

・三田真弘『ノモンハンの死闘』（北海タイムス社、一九六五）
・武藤章『比島から巣鴨へ』（中公文庫、二〇〇八）

▼**国際情勢（ソ連、中国、モンゴル）**

・スチュアート・D・ゴールドマン『ノモンハン1939』（みすず書房、二〇一三）
・マクシム・コロミーエツ『ノモンハン戦車戦』（大日本絵画、二〇〇五）
・ゲ・カ・ジューコフ『ジューコフ元帥回想録』（朝日新聞社、一九七〇）
・ボリス・スラヴィンスキー『日ソ戦争への道』（共同通信社、一九九九）
・D・ネディアルコフ『ノモンハン航空戦全史』（芙蓉書房出版、二〇一〇）
・アンソニー・リード他『ヒトラーとスターリン上・下』（みすず書房、二〇〇一）
・ジェフリー・ロバーツ『スターリンの将軍 ジューコフ』（白水社、二〇一三）
・マンダフ・アリウンハイサン「日ソ関係とモンゴル」（二〇〇四）
・ボルジギン・フスレ編『国際的視野のなかのハルハ河・ノモンハン戦争』（三元社、二〇一六）
・鹿錫俊『蔣介石の「国際的解決」戦略：1937–1941』（東方書店、二〇一六）
・麻田雅文編『ソ連と東アジアの国際政治 1919–1941』（みすず書房、二〇一七）
・家近亮子『蔣介石の外交戦略と日中戦争』（岩波書店、二〇一二）
・五百旗頭真 他編『日ロ関係史』（東京大学出版会、二〇一五）
・小貫雅男『モンゴル現代史』（山川出版社、一九九三）
・田中克彦編訳『ノモンハンの戦い』（岩波現代文庫、二〇〇六）

・寺山恭輔『スターリンとモンゴル 1931-1946』（みすず書房、二〇一七）
・中嶋毅 他編『ロシア革命とソ連の世紀2』（岩波書店、二〇一七）
・三宅正樹『スターリン、ヒトラーと日ソ独伊連合構想』（朝日新聞社、二〇〇七）
・横手慎二『スターリン』（中公新書、二〇一四）

▼辻政信の関連

・辻政信『十五対一』（毎日ワンズ、二〇一二）
・辻政信『シンガポール攻略』（毎日ワンズ、二〇〇九）
・辻政信『ノモンハン秘史』（毎日ワンズ、二〇一六）
・辻政信『私の選挙戦』（毎日ワンズ、二〇一〇）
・辻政信『潜行三千里』（毎日ワンズ、二〇一六）
・辻政信『亜細亜の共感』（亜東書房、一九五〇）
・辻政信『自衛中立』（亜東書房、一九五二）
・辻政信『ガダルカナル』（河出書房、一九六七）
・辻政良『喜寿の戯言』（銀鍾社、一九九一）
・生出寿『「政治家」辻政信の最後』（光人社、一九九〇）
・生出寿『作戦参謀　辻政信』（光人社、一九八七）
・杉森久英『参謀・辻政信』（河出文庫、一九八二）
・橋本哲男『辻政信と七人の僧』（光人社ＮＦ文庫、一九九四）

・文藝春秋編『テロと陰謀の昭和史』（文春文庫、二〇一七）
・三木公平『参謀辻政信　ラオスの霧に消ゆ』（波書房、一九八五）

▼ノモンハン事件に関する文芸作品など

・伊藤桂一『静かなノモンハン』（講談社文庫、一九八六）
・司馬遼太郎『「昭和」という国家』（日本放送出版協会、一九九九）
・司馬遼太郎『司馬遼太郎全講演　第三巻』（朝日新聞社、二〇〇〇）
・司馬遼太郎『司馬遼太郎対話選集6』（文春文庫、二〇〇六）
・村上春樹『辺境・近境』（新潮文庫、二〇〇〇）
・村上春樹『ねじまき鳥クロニクル全3部』（新潮文庫、一九九七）

N.D.C.391　244p　18cm
ISBN978-4-06-516857-8

講談社現代新書　2538

ノモンハン　責任《せきにん》なき戦《たたか》い

二〇一九年八月二〇日第一刷発行
二〇一九年九月二五日第五刷発行

著　者　田《た》中《なか》雄《ゆう》一《いち》　

発行者　渡瀬昌彦
発行所　株式会社講談社
東京都文京区音羽二丁目一二―二一　郵便番号一一二―八〇〇一
電　話　〇三―五三九五―三五二一　編集（現代新書）
〇三―五三九五―四四一五　販売
〇三―五三九五―三六一五　業務

装幀者　中島英樹
印刷所　豊国印刷株式会社
製本所　株式会社国宝社
本文データ制作　講談社デジタル製作
定価はカバーに表示してあります　Printed in Japan

「講談社現代新書」の刊行にあたって

教養は万人が身をもって養い創造すべきものであって、一部の専門家の占有物として、ただ一方的に人々の手もとに配布され伝達されうるものではありません。

しかし、不幸にしてわが国の現状では、教養の重要な養いとなるべき書物は、ほとんど講壇からの天下りや単なる解説に終始し、知識技術を真剣に希求する青少年・学生・一般民衆の根本的な疑問や興味は、けっして十分に答えられ、解きほぐされ、手引きされることがありません。万人の内奥から発した真正の教養への芽ばえが、こうして放置され、むなしく滅びさる運命にゆだねられているのです。

このことは、中・高校だけで教育をおわる人々の成長をはばんでいるだけでなく、大学に進んだり、インテリと目されたりする人々の精神力の健康さえもむしばみ、わが国の文化の実質をまことに脆弱なものにしています。単なる博識以上の根強い思索力・判断力、および確かな技術にささえられた教養を必要とする日本の将来にとって、これは真剣に憂慮されなければならない事態であるといわなければなりません。

わたしたちの「講談社現代新書」は、この事態の克服を意図して計画されたものです。これによってわたしたちは、講壇からの天下りでもなく、単なる解説書でもない、もっぱら万人の魂に生ずる初発的かつ根本的な問題をとらえ、掘り起こし、手引きし、しかも最新の知識への展望を万人に確立させる書物を、新しく世の中に送り出したいと念願しています。

わたしたちは、創業以来民衆を対象とする啓蒙の仕事に専心してきた講談社にとって、これこそもっともふさわしい課題であり、伝統ある出版社としての義務でもあると考えているのです。

一九六四年四月　野間省一

日本史Ⅰ

1258 身分差別社会の真実——斎藤洋一 大石慎三郎
1265 七三一部隊——常石敬一
1292 日光東照宮の謎——高藤晴俊
1322 藤原氏千年——朧谷寿
1379 白村江——遠山美都男
1394 参勤交代——山本博文
1414 謎とき日本近現代史 野島博之
1599 戦争の日本近現代史 加藤陽子
1648 天皇と日本の起源 遠山美都男
1680 鉄道ひとつばなし——原武史
1702 日本史の考え方——石川晶康
1707 参謀本部と陸軍大学校 黒野耐

1797 「特攻」と日本人——保阪正康
1885 鉄道ひとつばなし2——原武史
1900 日中戦争——小林英夫
1918 日本人はなぜキツネにだまされなくなったのか 内山節
1924 東京裁判——日暮吉延
1931 幕臣たちの明治維新 安藤優一郎
1971 歴史と外交——東郷和彦
1982 皇軍兵士の日常生活 一ノ瀬俊也
2031 明治維新 1858–1881 坂野潤治 大野健一
2040 中世を道から読む——齋藤慎一
2089 占いと中世人——菅原正子
2095 鉄道ひとつばなし3——原武史
2098 戦前昭和の社会 1926-1945——井上寿一

2106 戦国誕生——渡邊大門
2109 「神道」の虚像と実像 井上寛司
2152 鉄道と国家——小牟田哲彦
2154 邪馬台国をとらえなおす——大塚初重
2190 戦前日本の安全保障——川田稔
2192 江戸の小判ゲーム——山室恭子
2196 藤原道長の日常生活 倉本一宏
2202 西郷隆盛と明治維新 坂野潤治
2248 城を攻める 城を守る——伊東潤
2272 昭和陸軍全史1——川田稔
2278 織田信長〈天下人〉の実像 金子拓
2284 ヌードと愛国——池川玲子
2299 日本海軍と政治——手嶋泰伸

Ⓖ

日本史Ⅱ